CW01498279

Sin Vergüenza De Mí – 27 Preguntas para Comenzar Mi Revolución Personal

Primera edición: Septiembre de 2019

ISBN: 9781701450172

Autoedición: Fernando Moreno Segovia

Diseño y maquetación: Contracorriente.com

hola@sinverguenzademi.com

Nota al lector ⟶ Gracias por leer las letras pequeñas. Me encanta tu determinación y pasión por leer todo. Por motivos legales, debo incluir esta nota a todos los lectores.

A mi querida Aimee y a mi pequeña Sage, que me acompañan día a
día en este viaje llamado vida.

A mis padres y a mi hermana Marta por darme el mejor primer hogar
que uno pudo tener.

Os quiero.

(Para aquellos que preguntan,
pues son los que encuentran respuestas.)

Sumario

Qué dice la gente...

DOMMCOBB
Viñetista y autora de *La vida es ahora... después*
"Gracias, Sin Vergüenza De Mí, por escribir este útil y práctico manual para los que NO queremos estar muertos antes de morirnos de verdad."

Marta Alfayate
Grisberenjena. Psicóloga y creativa
"Te remueve, te desequilibra, te toca, te recuerda, te compromete, te anima, te enseña, te emociona, te despierta, te obliga suavemente...Un revolutum en toda regla."

Cristina H.
"Muy directo, claro y muy provocador. 27 Preguntas para desbloquear nuestras propias limitaciones y buscar en nosotros mismos las respuestas..."

María Pérez Orejudo
Abogada y madre de María y Lucas
"Brillantemente transformador. Es uno de esos libros que necesitas tener cerca y deberían ser leídos al menos una vez."

Sara Gutiérrez Muñiz
Administrativo y amante de lo rural
"Preguntas que todos nos hemos hecho alguna vez y seguramente no supimos contestarnos.... Aquí está la ayuda que necesitamos, pero hay que querer y poner intención."

Aldana Ciccioli
"Este libro nos da la posibilidad de entrar en nuestro YO sin sentirnos avergonzados ante el resto."

Alfredo Enrique Angola González
"Un referente de modernidad en el mundo del desarrollo personal. Fernando ha encontrado el balance que tanto he buscado de la ciencia y la espiritualidad. Realmente lo agradezco, era necesario para el mundo hispano hablante."

Paola Chiguay
"Didáctico, reflexivo, te hace pensar y analizar(te) varios aspectos y con el hecho de apuntarlo, se hace más visible, gráfico y concreto."

Fernando Pastor
"Transforma tu vida, ¿Qué es lo peor que te puede pasar? ¿Qué te salga bien? Si lees a Fernando, seguro que encuentras una clave que te ayudará. Yo lo hice, tras una sesión ... y funciona. ¿Qué puede pasar si te ocurre a ti?. Yo lo hice,..... lo sigo haciendo."

Naiara Hernantes
Naiarakolore, Ilustradora y diseñadora gráfica
"Gracias por compartir consciencia, para dejar atrás
lo que dejó de funcionar."

María José Rosselló López
"Un libro de estudio, de autoconocimiento, para llevar
siempre contigo y bucear en su aprendizaje para llegar
a tu autoconocimiento."

Lorena Campos Fernández
"Una obra esencial para conocerse a uno mismo y aprender a
resetear para vivir una vida de 10 de gusto contigo mismo."

Joyce Denisse Mite Fiallos
"Recomiendo este manual con 27 preguntas que guían y
promueven la reflexión para lograr el verdadero cambio que
no viene de la lectura pasiva sino del esfuerzo activo. Gracias
Fernando por amenizar este viaje y por compartir el camino
hacia una vida por diseño, con pasión y sin vergüenza."

Jenny Madrazo
"Este libro me ayudó a tomar una decisión
muy importante en mi vida."

María Moguel
"Este libro da un sin fin de herramientas que te ayudarán a
indagar en ti mismo y cambiar todo lo que quieres cambiar de
tu persona y vida."

Joana M. Bassa Llull

"¡Gracias Fernando por ayudar a mejorar la calidad de mis preguntas, y la calidad de mi vida! Porque vivir en paz con uno mismo, no tiene precio."

Martina Pérez Caballero

"Para tenerlo de libro de cabecera y releerlo cuando creas que te estás saliendo de tus metas."

Vanessa García L.

"Este libro va a retarte, vas aprender y desaprender y entender mas allá, va a hacer que tus creencias se tambaleen y comience tu evolución para ser un Sin Vergüenza de Mí."

Mónica Dosil
Psicóloga y autora de la saga "Tu Método de Vida"

"¡Léete el libro que Fernando es la Hostia en vinagre y todo lo que hace es BRUTAAAL!

...Ahora me falta tu opinión...

Esperando a que me cuentes tu revolución personal. Deseando que conectemos y que compartas como ha ido tu transformación personal.

Conectemos por las redes sociales.

Sigue la cuenta de Instagram de **@sinverguenzademi** y hazme saber que estas leyendo el libro.

Cuando lo estés leyendo o creas oportuno me encantaría recibir tu comentario a través de Amazon. Te agradecería **TU OPINIÓN** sobre el contenido del libro y como te ha ayudado en tu transformación personal.

> **NOTA:** Te pido perdón si el servicio de Amazon no te ha entregado el libro a tiempo o la imprenta ha ensuciado alguna de tus paginas! ..... Eso son servicios ajenos a mi que no puedo controlar....

Como se que escribir opiniones no motiva a todo el mundo y supone unos segundos de tu tiempo, quería agradecértelo de dos maneras:

1. Participarás en sorteo regulares de regalos ialucinantes!, pero sobre todo...

2. Harás un mundo mejor. Donaré 1 euro por cada opinión recibida a distintas organizaciones sin ánimo de lucro que apoyen causas como la explotación infantil o la igualdad social. Escribe tu opinión, ya sea buena mala o regular, el objetivo es simplemente poder hacer un libro mejor la próxima vez donde pueda ayudar a más gente. ¡Tu opinión cuenta y mucho!

Para más información leer en Instagram

@sinverguenzademi

...Material Extra del Libro Y Gratuito ...

Gracias por unirte a la revolución personal de Sin Vergüenza De Mí. Como muestra de mi cariño y gratitud por confiar en mí para comenzar este viaje, he querido regalarte material extra **totalmente gratuito.**

Tienes a tu disposición material descargable en formato audio que te ayudaran a sacarle el máximo provecho a este libro. Así como un ejercicio final para que puedas comenzar con tu nueva vida.

¿Cómo descargarlo? Pues si eres de esas personas tecnológicas que escanean los códigos QR, simplemente escanéalo con tu teléfono y te llevará al contenido.

Si esa tecnología no la controlas muy bien, no pasa nada. ¡Yo tampoco!

Puedes descargarla visitando el siguiente enlace.

http://www.sinverguenzademi.com/bonusaudio

Prólogo

"A la mayoría de libros de 'autoayuda' deberían llamarlos de 'ajenayuda'."

La vida, voy a empezar poniéndome filosófica (como si alguna vez hubiera dejado de serlo), es (como) el más maravilloso teatro que hayas podido imaginar. Ríete tú del Royal Albert Hall de Londres, de La Scala de Milán o del Teatro Nacional de París. Si has venido hasta aquí es porque quieres coger las riendas, aprender un buen papel, interpretarlo lo mejor que sabes y, por fin, ser el gran protagonista de semejante obra maestra.

Te doy la enhorabuena por querer eso y por haberte cruzado con Fernando Moreno.

Estamos los tres de enhorabuena. Tú por llegar, Fernando porque va a ser escuchado con el corazón abierto y yo por saber que el mundo será mejor salga lo que salga de la relación entre los dos. Estás ante un libro a través del cual serás guiado en la construcción del 'personaje', se te explicarán las razones y los porqués de muchas de tus reacciones, te enumerará pautas, te ayudará a encontrar respuestas con sus veintisiete preguntas clave y te acompañará en los ensayos de preparación.

Salgan bien, regular, mal o fatal, lo más importante es que te mostrará que no hay un día especial para el estreno. Lo maravilloso de esta gran obra de teatro contigo de protagonista es que todos los días te vas a estrenar. ¿No es maravilloso? Sí, ya contesto yo.

Cuando Fernando me ofreció la gran oportunidad de construir el prólogo del apabullante y extenso y vasto conocimiento –aun utilizando todos los sinónimos del mundo mundial me quedaría corta– que tiene acerca del crecimiento personal en este libro, os diré la verdad: lo primero que pensé fue que no podría hacerlo. Quedaría genial si ahora os dijese que después de leer su libro encontré las ganas, la capacidad, la confianza y la certeza de que lo haría bien. Pero no tiene nada que ver con eso. Por suerte ya puse en marcha muchas herramientas, algunas de las cuales están expuestas aquí, que me funcionan desde hace años. Lo que pensé fue: "a mí el tema de autoayuda no me va."

Me explico. He leído tantos libros de autoayuda que yo misma, al cabo de mucho tiempo, terminé llamándolos *libros de ajenayuda*. Lo que yo veía en ellos era una ayuda externa y ajena que nunca terminó de ayudarme a mí, una serie de conceptos demasiado simples en contraposición a la majestuosidad y complejidad del ser humano. Los libros me contaban cosas que otros ya habían conseguido, leía y leía y me bebía mares de palabras que no terminaban de calar en mí. Y aquí está precisamente la clave que tiró por tierra mis ideas iniciales. Este es un libro con ideas *ajenas* brillantes, claro, pero lo que tiene por encima de esas ideas y conceptos teóricos es la firme determinación de que sin tu autoobservación, tu trabajo, tus prácticas, tu movimiento y tus acciones, nada va a desarrollarse, transformarse y, por tanto, no mejorará.

Otra de las cosas que sentí como empujón para escribir finalmente esto que estás leyendo –que digo yo que lo estarás leyendo... ¡hola! Si no lo estás leyendo ¡no sé qué hago aquí hablando sola! en fin– es la libertad que Fernando vive, muestra y da al lector. Es como una buena conversación con un amigo en un bar acerca de lo humano, lo divino y lo de en medio.

Puedes sentirte libre de juzgar, opinar e incluso patalear –allá cada uno con sus reacciones– cuando leas algo que no te convenza.

Somos seres libres, aunque la mayoría de veces no lo sepamos precisamente por la cárcel mental con la que todos nos hemos identificado. Lo que Fernando transmite es que esa cárcel no solo puede dejar de ser una jaula, sino que además puede convertirse en tu hogar, y que tú, como dueño, puedes volverlo cómodo y estable: observarte, mirarte, conocerte y trabajar a tu favor. Si resulta que tu forma de vivir, si lo que estás haciendo ya funciona, me pregunto qué haces tú aquí si ya eres feliz. Algunos seres humanos nunca dejarán de sorprenderme, siempre quieren más y más y más… Si piensas diferente, adelante con tu historia. Como decía, somos libres de hacer lo que nos dé la gana de hacer. ¿No es maravilloso? Sí, ya contesto yo otra vez.

Si hay algo con lo que no estás de acuerdo –y te confieso que me ha pasado–, no pasa absolutamente nada. Mírame a mí, que difiero con el autor en varios puntos y aquí estoy prologando su libro. Porque precisamente él incita a eso, al pensamiento propio. Aquí no hay doctrinas absolutas. Cabemos todos. Y cuanto más libres nos sintamos dentro, más libertad podremos poner fuera para construir una experiencia conjunta más liviana, más rica y más beneficiosa.

Fernando va a conseguir entrar en ti solo si abres las puertas, tanto si las abres de par en par como si solo dejas una pequeña rendija. Está aquí para iluminar. No, no es un ser de luz, ni es un ser espiritual, ni es un ser elegido entre la multitud de los mortales. Es algo así como… ¿sabes esa habitación que está completamente a oscuras y al lado hay otra habitación iluminada, y abres la puerta que las une y la que estaba a oscuras deja de estarlo sí o sí? Pues Fernando sería la habitación con luz. Si le abres la puerta, un poco, un mucho, una mitad, si le das una oportunidad a la lectura y la escuchas, y lo más importante, te das la oportunidad de actuar tal y como te lo pide el autor, no permanecerás en la misma oscuridad en la que estabas cuando empezaste a leer este libro. La intención no es imponerte verdades. Fernando no te dirá que abandones tu habitación y pases a la suya, sino provocarte y ayudarte a que encuentres tu propia verdad poniendo luz a tu habitación y permitiendo que seas tú el que investigue y conozca su propio mundo.

Estaba releyendo mi propio texto y lo cierto es que puedes pensar que me ha pagado de lujo por estas palabras y que, claro, ¡cómo no voy a decir cosas buenas del libro! Pero no, debes saber que solo cobré por las ilustraciones, y el prólogo se lo he regalado. ¡Ja! (Lo cierto es que me equivoqué completamente, ¡tengo que revisar mis propias acciones!). Es más, ni siquiera conozco en persona a Fernando. Lo más bonito de las redes sociales es la capacidad de conectar personas que de otro modo, por lejanía y distancias, no hubieran podido encontrarse. Así que no hay nada de falsedad en este prólogo, como no vas a encontrar nada impostado, ni de adorno, ni de relleno en todo el texto que va detrás de este que ahora escribo yo y lees tú. Que digo yo que lo estarás leyendo... ¡hola otra vez! Si no lo estás leyendo, ¡no sé qué hago aquí, de nuevo, hablando sola!, en fin.

Bienvenido al mundo de un gran *sin vergüenza* con talento y ganas. Adéntrate en su mundo como gustes, tal cual te sientas ahora mismo: cansado, harto, curioso, intrigado, aburrido, acojonado, irritado... Este es un libro que te proporcionará herramientas concretas, tareas, quehaceres y mucha práctica para la vida real.

Soñar es estupendo, dicen las frases célebres de Internet. Pero donde se ponga vivir de verdad, con los pies bien firmes anclados en la tierra y llevando las riendas del regalo que se nos ha hecho en el espectacular escenario llamado planeta tierra, que se quite el humo amargo y un tanto vacío de solo soñar. Se trata de que podamos vivir enteros y no solo sobrevivir a medias.

Gracias, Sin Vergüenza De Mí, por escribir este útil y práctico manual para los que NO queremos estar muertos antes de morirnos de verdad.

Dommcobb

Ana Belén López García

Viñetista y autora de *"La vida es ahora... después"*

www.dommcobb.com

Bienvenido a
Sin Vergüenza de Mí

La vergüenza es una de las emociones más destructivas del ser humano. Mucha gente confunde vergüenza y culpa. La culpa tiene que ver con lo que he hecho, o no hecho, y ahora no estoy de acuerdo y por lo tanto me gustaría cambiarlo. Pero vergüenza es más profundo. Tiene que ver con lo que SOY. Manifiesta el **miedo de no ser lo suficientemente bueno, miedo al qué dirán o pensarán de mí** y, en última instancia, no ser aceptado por quién eres.

Sin Vergüenza De Mí nació como un grito de desesperación personal en el momento más oscuro de mi vida. Cuando me cansé y aburrí de mis excusas, de mis frustraciones, de no creer en mí, de pensar que algo me pasaba, de no saber qué querer, de esperar que la vida me llenase, de sentirme no ser lo suficiente, de estar avergonzado por querer sentirme diferente cuando aparentemente mi vida parecía perfecta, de esperar... **Un día dije: "¡BASTA YA!"**

Domina el arte de ser humano

Hoy, *Sin Vergüenza De Mí* representa mi misión personal de **crear una vida por diseño y no por el defecto de las circunstancias. Un viaje hacia la autorrealización**.

Para tener una vida bien vivida no basta con abrir los ojos cada mañana y sumergirnos en la rutina diaria. Tu supervivencia viene de fábrica. Tu cerebro está hecho para que sobrevivas. Pero, querido amigo, ¿qué pasa con la plenitud? ¿Qué pasa con la felicidad? Eso nos lo tenemos que trabajar nosotros. **Más que una ciencia exacta, la autorrealización personal es un arte**. Necesitamos aprender o recordar ciertos principios y conceptos. Este libro te recordará muchos de ellos.

Nada nuevo bajo el sol

Hace tiempo, una de las personas que seguían mis contenidos en las redes sociales me envió un mensaje mostrando su enojo y *avisándome* de que ya no me leería más. Su razón, que "no aportaba ya nada nuevo a la gente". Ese mensaje me llenó de orgullo, puesto que pensar que después de miles de años en la humanidad, miles y miles de millones de personas que han pasado por este sitio, yo había podido aportar algo nuevo era para estar más que feliz.

Pensar que hay algo nuevo en este libro para la posteridad sería una gran osadía por mi parte. Pero sí estoy seguro de que hay un mensaje nuevo para ti. Eso es todo lo que necesitas para **despertar tu grandeza**.

Ilusión: ¿cuándo dejaste de ilusionarte?

Una de las preguntas que estuvieron conmigo durante muchos años es cómo un niño con tantos sueños, con tantas ilusiones por hacer cosas, por ver el mundo, por viajar, por conocer culturas, por ser astronauta, emular a Indiana Jones, de repente acaba trabajando de 9:00 am a 7:00 pm en la oficina, esperando dos semanas de vacaciones para irse a la playa a NO HACER NADA. ¿Qué me había pasado?

Recuerda tu infancia. ¿Te acuerdas cuando hacías la carta a los Reyes Magos o a Papá Noel y no podías esperar? Pedías cosas imposibles. Querías un caballo, volar, una piscina en tu cuarto… Daba igual. No había límites a tu imaginación. Veinticinco años después me veía diciendo "no quiero nada", y conformándome con una colonia y una corbata para el trabajo. Pero… ¿qué nos ha pasado? ¡Quién nos ha robado esa ilusión!

Vivir la vida con la ilusión de un niño. Enamorarse otra vez de los atardeceres. Querer hacer grandes cosas. **Vivir con pasión y sin vergüenza** es parte de mi misión.

Vive tu grandeza

Vivir una vida pequeña, escondiendo tu grandeza, no beneficia a nadie. No beneficia a la gente que nos rodea, puesto que les limitamos el crecimiento. No beneficia a tus hijos, puesto que aprenden lo que ven en casa. Y, por supuesto, no nos beneficia a nosotros mismos.

En esa búsqueda de mi grandeza comprendí que realmente no me pasaba nada. Que simplemente nadie me había enseñado a usar mi mente a mi beneficio. Que no había nacido con un manual de instrucciones para sentirme mejor, para pensar de una manera diferente, para ser un ser humano profesional y no un simple aficionado.

Saludos del autor

G racias de corazón por elegir este libro. No sé exactamente lo que te ha traído a él, pero sé con certeza a dónde puede llevarte. Este libro es el comienzo de uno de los viajes más largos pero que más recompensa pueden traerte: **un viaje por tu interior.**

Este libro nace como respuesta a esas preguntas que nos hacemos en algún momento de nuestra vida. Quizás algunas de ellas nos están bloqueando parte del camino. Son preguntas reales de personas reales. Preguntas que recibo a través de diferentes fuentes: mis clientes privados, alumnos de mis cursos o gente que sigue mi trabajo bien sea en las redes sociales o en el podcast de *Sin Vergüenza De Mí*.

Encontrarás las veintisiete preguntas más comunes que me hace la gente. Muchas de estas preguntas no son de simple respuesta y, por ello, aprovecho para compartir conceptos que he ido aprendiendo a lo largo del tiempo. Pero **este libro, al igual que mi trabajo, no trata de darte una respuesta absoluta, sino hacerte pensar**, reflexionar y encontrar respuestas que están ahí, dentro de ti, esperando a ser descubiertas.

Compartiré contigo mis recursos, así que tómalos como tales. **Si te sirven, úsalos. Si no, sigue reflexionando**. El libro está pensado para que te provoque nuevos pensamientos. Un ejercicio de introspección. Puede que alguna de estas preguntas te haga sentir incómodo o incluso la temática pueda retar alguna de tus creencias. Si es así, no leas esa pregunta. ¡Así de simple!

Lo más seguro es que en una, varias o incluso todas las reflexiones tú tengas una opinión opuesta. Eso también me parece perfecto. No soy el dueño de ninguna verdad. No soy un iluminado. Soy una persona normal que en un momento dado dijo: "basta ya" y se puso a **buscar respuestas en vez de justificar realidades.**

Si esa opinión personal opuesta a la leída aquí te sirve para tener una vida bien vivida, una vida plena, sigue defendiendo esa opinión. Si no es así, prueba lo expresado en el libro a ver si te puede encajar mejor o sigue buscando dentro de ti.

¿Qué vas a encontrarte?

Este libro está estructurado en varias secciones independientes:

- **En la primera parte encontrarás las bases de este libro, una breve introducción y la declaración de intenciones.**

- **En la segunda sección encontrarás cuatro principios fundamentales que te servirán para asimilar mejor lo que aprendas en el libro. Estas ideas podrían dar forma a un libro aparte, pero son tan importantes que no quería mostrarlas separadas. La asimilación de estos principios transformará tu vida por sí misma.**

- **En la tercera sección tendrás las veintisiete preguntas más comunes que me hace la gente. Puedes leerlas en el orden que quieras. Dedícale un día a cada pregunta. Están estructuradas por categorías, por si te es más fácil la lectura.**

  Dedícale los próximos veintisiete días a esta sección, pregunta por día. Así, este mes podrá ser tu mes de transformación. Te garantizo que si lees el libro como está diseñado no vas a ser la misma persona de antes. Además, puedes leerlo tantas veces como quieras en un futuro, puesto que tus respuestas cambiarán a medida que vayas avanzando en la vida.

- **En la cuarta y última sección tienes una conclusión general. Además, te explico la garantía del libro y otra información que puede ser relevante.**

No tengas prisa en leer el libro. Si bien es cierto que puedes leerlo en pocas sesiones, no está pensado para que lo hagas así. Crea el ritual de la lectura. Dedícale treinta minutos al libro de forma diaria. Y hazlo en un espacio donde puedas pensar y reflexionar. Quizás para ti sea un espacio tranquilo y silencioso de tu casa, o quizás sea un sitio exterior y ruidoso. Sea cual sea el sitio que escojas, dedícale el tiempo que se merece la respuesta. **Porque en la respuesta está eso que estás buscando para transformar tu vida.**

Recuerda que es esencial que hagas los ejercicios si quieres que el libro cumpla su objetivo. **El precio que has pagado por él no garantiza resultados. Es como el precio que pagas para ir al gimnasio.** Lo que garantiza resultados es cómo de constante y qué intención pones a la hora de ir al gimnasio, y no cuánto vale la membresía del mismo.

Con pasión y sin vergüenza.

Fernando Moreno

Sídney, a 11 de agosto de 2019

Fernando Moreno

SECCIÓN 1

Las bases

Fernando Moreno

¿Por qué debería leer el libro?

ualquiera de las razones que te hayan traído aquí nos vale. Una de mis creencias principales en la vida es que todo pasa por una razón. Algunas veces encontramos esa razón rápidamente. Otras veces tienen que pasar años hasta que al echar la vista atrás vemos el porqué de ese evento. Por lo tanto, **si nuestras vidas se están cruzando ahora es por alguna razón. ¡Vamos a encontrarla!**

¿Sabías que solamente el tres por ciento de las personas que compran un libro acaban leyéndolo? Eso son los últimos datos estadísticos a los que he tenido acceso y tienen unos cuantos años. Lo peor es que la tendencia va a la baja. Por eso quiero felicitarte por la compra de este libro y por estar leyendo este párrafo. **Ahora mi misión personal es que sigamos juntos hasta el final y que hagas el trabajo.**

Recuerda que eres tú quien escribe tu vida.

Aquí obtendrás nuevos recursos para ello.

Pero... ¿estos libros funcionan?

Antes de empezar con el contenido del libro, vamos directo a una pregunta que está en la mente de muchos pero que no se dice en alto. ¿Funcionan estos libros? ¿Realmente pueden ayudarme? Cuando acudes a la sección de autoayuda en las librerías, te encuentras con centenares de libros y una pregunta habitual en la gente es esta: ¿funcionarán realmente o son obra de vendehúmos?

Si estás leyendo estas páginas es porque le has dado un voto de confianza. Lamentablemente hay muchas personas que necesitarían leer estas páginas y nunca lo harán. ¿Por qué? Porque tienen en mente la pregunta de si esto funciona. ¿Esto me va a ayudar a mí? ¿Me puede ayudar un psicólogo? ¿Me puede ayudar un terapeuta? ¿Me puede ayudar un coach? **Y si la duda es mayor que la curiosidad, no darán el primer paso**.

Visto en TV

Déjame que te comparta una observación sobre mi vida y que quizás te es familiar. ¿Te has comprado alguna vez algún aparato de gimnasia para casa? Sí, esos aparatos que anuncian en la televisión y que garantizan resultados extraordinarios. A lo largo de la vida, mi familia ha comprado unos cuantos. En mi casa estaba la bicicleta estática, la cinta para correr que se guarda debajo de la cama, un aparato de remo, aparatos para abdominales, etc. ¡Y todo en un piso de setenta metros cuadrados!

Si me preguntas que si funcionaban esos aparatos, la respuesta es sencilla: "sí, estaban en perfectas condiciones". Si me preguntas si me han dado resultados duraderos, la respuesta es también sencilla: "no".

¿Por qué? Porque solamente los usé con ganas los primeros días. Después acumularon polvo mientras yo me pasaba las tardes en el sofá.

Con estos libros es exactamente igual. ¿Funcionan? Por supuesto. ¿Van a dar resultados? Si los usas, sí. Si no los usas, pues tendrás un libro más en la colección del salón y podrás impresionar a tus visitas con la cantidad de libros que tienes para tu mente.

Está en tu poder obtener los resultados, es tu responsabilidad.

En serio ... ¿me va a ayudar este libro?

Pues en serio te respondo. Porque no voy a engañarte. Si lees este libro con la convicción de que te va a ayudar, te ayudará y mucho. Si lo lees con incredulidad, sin hacer los ejercicios y como un mero pasatiempo... pues será eso lo que encontrarás.

Aunque mis amigos psicólogos se enfadan cada vez que digo esto: la psicología tiene más de arte que de ciencia. También es así con la economía y muchas otras ramas, así que no hay que enfadarse. Te digo esto porque la transformación personal tiene más de arte que de ciencia. Y **tus ganas por cambiar, y por defecto tu trabajo, está por encima de todo.**

Cada persona viene de su padre y de su madre, con una programación mental diferente debido a distintas infancias, experiencias de vida, etc. Ni siquiera dos hermanos, aunque sean gemelos, tienen el mismo punto de partida al comenzar sus viajes de transformación. Es por ello que en una sección del libro comparto cuatro principios básicos para que por lo menos empecemos todos desde un mismo punto de partida.

¡El problema es que leer no basta!

C uando acudimos a material de desarrollo personal o de introspección —esa búsqueda interna— el problema es que leer no basta. Si fuese así, no estarías aquí, porque lo más seguro es que no sea el primer libro o material que leas de este tipo.

Este no es un libro *normal*. No es de esos libros que tienes cerca de la cama y que lees antes de acostarte. O esos libros que te acompañan en la ruta al trabajo. Por supuesto que puedes leerlo de esa forma si así lo deseas, pero no es como vas a sacarle el mayor provecho. **Este libro requiere una lectura activa.**

Quiero evitar la tentación de la lectura basura. ¿A qué me refiero? Lo mismo pasa con esa comida rápida. O comida basura, como la llaman en España. Es decir, esa comida carente de nutrientes que consumimos de forma rápida y que nos llena el cuerpo pero no nos alimenta.

Lo que te cambiará la vida no es lo que leerás en este libro, sino lo que seas capaz de asimilar de él, reflexionar y aplicar.

Quiero que vuelvas a leer la frase anterior y que pienses si tiene sentido para ti. ¡Hazlo!

Muchas veces creemos que para estar sanos solamente tenemos que comer sano. Que para ser ricos solamente tenemos que ganar dinero. Que para tener una vida plena debemos tener experiencias plenas. Pero no es del todo cierto. Además de eso, **tenemos que poder asimilarlo.**

Si no somos capaces de asimilar esos nutrientes, por mucho que comamos saludablemente vamos a estar carentes de nutrientes. Lo mismo nos pasa con nuestra mentalidad. Leemos libros, escuchamos consejos, acudimos a seminarios, pero además debemos hacer el trabajo de asimilar.

En este libro te mostraré cómo digerir y asimilar mejor lo que lees.

Pero antes, permíteme que me presente

Antes de seguir, me parece de buena educación presentarme. Mi papel en esta aventura es secundario. Soy solamente el guía turístico que va acompañarte. Aun así necesito que haya confianza entre los dos, sobre todo por el carácter personal del libro.

Nos pasamos la vida diciendo a los niños que no se vayan con desconocidos, que no acepten cosas de extraños. Y luego como adultos nos dedicamos a leer, escuchar o asimilar pensamientos de gente sin tener la mayor idea de quiénes son. Así que, como dicen en el pueblo de mi madre, "¿y tú de quién eres?".

Mi nombre es Fernando Moreno Segovia, Pupo para los amigos, y desde el año 2014 me dedico en voz y alma al mundo del desarrollo personal. Acudí a este mundo en búsqueda de respuestas o guías, puesto que mi vida no estaba tan bien como lo deseaba. Por lo visto, está en nuestra condición humana **buscar respuestas cuando las cosas se ponen feas** y nos sentimos tan mal que ya no podemos seguir como de costumbre.

Yo no sé cómo fue tu infancia o cómo fue tu educación, pero en la mía nadie me enseñó cómo funciona nuestra mente, cómo sacarle el mejor provecho a nuestra forma de pensar y cómo diseñar una vida bien vivida.

Como decía, mi vida no estaba en el mejor momento. Después de seis años de relación, había fracasado en mi matrimonio. Estaba en un trabajo que me llenaba la cuenta bancaria al final de mes pero me vaciaba emocionalmente todos los días. Había emigrado a Australia en busca de mejores oportunidades laborales, por lo que me encontraba literalmente en la parte del mundo más alejada de mi familia y amigos. Volver a casa no era una opción viable, dada la situación económica de España. Por lo tanto, **para encontrar esas respuestas y esa ayuda debería hacer un viaje diferente**. El viaje más largo que puedas recorrer y, sin duda alguna, el que más miedo da. **El viaje por tu interior**.

Desde esa tarde de diciembre de 2013 en la que decidí comenzar ese viaje, mi vida ha dado un giro de 180 grados. Empecé con un libro sin saber muy bien cómo seguir, y ya son más de cuatrocientos libros leídos de desarrollo personal, más de 4.000 horas de formación en mentalidad, psicología y demás ramas o herramientas que tengan como objetivo la transformación de vidas. He invertido más de 150.000 euros en formación. He viajado literalmente por todo el mundo en busca de ideas, herramientas o conceptos que pudieran ayudarme a mí y a todos mis clientes. No te cuento esto para intentar impresionar, sino para decirte que **hay trabajo detrás de este libro**.

Cambié mi trabajo de *senior manager* en la consultoría de negocios de una gran multinacional por el coaching empresarial y de vida. He tenido la suerte de trabajar con las figuras de desarrollo personal más famosas del mundo. Hoy en día podrías ver que mientras no estoy haciendo sesiones de coaching con mis clientes estoy leyendo, escuchando y asimilando lo que tenga que asimilar de esta vida.

Desde que empecé en esta nueva carrera, llevo más de 2.000 sesiones de coaching, es decir, **más de 2.000 horas sentado delante de una persona para trabajar por sueños, eliminar creencias, aliviar el dolor creado por los pensamientos…**

He tenido la suerte de haber trabajado de forma individual con cientos de personas de más de cuarenta países. Cada una de estas personas ha compartido su forma de ver el mundo y de entender la realidad, entender el éxito, el fracaso, el amor, el dolor, etc.

Todas las semanas publico de forma consistente en las redes sociales. En concreto en Instagram, donde mi cuenta de *Sin Vergüenza De Mí* tiene más de 35.000 seguidores. Además, tres veces al mes publico un podcast en el que comparto entrevistas o diferente contenido de desarrollo personal.

De forma semanal recibo decenas de mensajes en las redes sociales, emails contándome situaciones personales de todo tipo para acabar sus mensajes con preguntas para mí. Al cabo de un tiempo me di cuenta de que aunque cada persona es única, aunque cada historia tiene su singularidad, hay ciertas preguntas o temáticas que se repiten una y otra vez. Así nació este libro.

Declaración de intenciones

Cuando decidí escribir este libro *solo* tenía una intención en mente: ayudarte a tener una vida diseñada por ti a base de la reflexión interna. Este libro tiene una paradoja. Seguramente, mucha gente acuda al libro buscando respuestas, pero el libro les devolverá al único sitio donde las respuestas residen: **nuestro interior.**

Hay una cosa que considero cierta al cien por cien, y es que con estas líneas tu vida no va a volver a ser igual. La transformación será pequeña o grande, eso depende de ti. Pero si sigues el libro y las instrucciones del mismo, se te abrirá una puerta al cambio interior.

Esa es mi intención y no espero menos de nuestra colaboración conjunta. Por eso **te ofrezco la GARANTÍA de cinco estrellas.** ★ ★ ★ ★ ★

¿De qué se trata? Si este libro no ha servido para abrirte las puertas de tu mundo interior, para reflexionar más allá, entonces te pido disculpas y te devuelvo el dinero invertido. **No estoy en el negocio de vender libros. Estoy en el mundo de la transformación personal.**

Ahora bien, si al leer y reflexionar sobre los temas aquí expuestos has encontrado respuestas dentro de ti y eso te ha ayudado, **te agradecería que me ayudes a seguir ayudando.** En el último capítulo del libro te explico qué tienes que hacer si decides pedir la devolución de tu dinero o cómo espero que puedas ayudarme a ayudar. ¿Trato justo?

Por último, voy a compartir contigo un ritual que hago con cada lectura de libro, seminario que acudo o incluso persona con la que me reúno.

Declaro mis intenciones. Una vez declaradas las intenciones, dejo que el *universo* me sorprenda y traiga lo que realmente necesito.

Si es la primera vez que declaras tus intenciones, te lo pongo fácil. Simplemente pon tu nombre. Y si no tienes papel y lápiz a mano, repite en alto:

NUESTRO ACUERDO

Yo, ... ,
me comprometo a leer el libro a mi ritmo.

Me comprometo a hacer los ejercicios y a escuchar la voz de mi interior.

Me comprometo a reflexionar y observar cada capítulo.

Me comprometo a asimilar lo que deba asimilar y soltar lo que tenga que dejar.

Yo, Fernando Moreno, me comprometo a servirte de guía en este libro y a ayudarte en tu viaje interior.

Firma   Firma

FERNANDO MORENO

Fernando Moreno Segovia

Podcast… ¿Qué? ¡Sí! Los Podcast de Sin Vergüenza De Mí. **Son episodios que se pueden escuchar gratuitamente desde diferentes plataformas.**

Fernando te trae todas las semanas tu receta semanal de desarrollo personal. No dejes de conectarte. Entrevistas con gente inspiradora, consejos, meditaciones… el material que necesitas para vivir una vida bien vivida.

Profundiza en cada una de las 27 preguntas con los episodios del podcast. Fernando desarrolla una a una cada pregunta para profundizar en ellas y ayudarte a dominarla.

¿Cómo escucharlos? Si tienes la tecnología de códigos QR, simplemente escanea la imagen para ir a los episodios del podcast.

Si no estás actualizado con esta tecnología, los podcast los encontrarás en la siguiente página web:

www.sinverguenzademi.com/podcasts

Además están disponible gratuitamente en plataformas como:

SECCIÓN 2

Los 4 principios

Fernando Moreno

Principio 1:
Buscamos resultados

En mi trabajo es común encontrar a gente que quiere cambiar la forma de sentirse, o escucharles decir que quieren un cambio de vida. Pero, ¿a qué se refieren realmente?

Cuando hablamos de vida, a lo que nos referimos en realidad es a todo aquello que tenemos o experimentamos en esta: nuestro trabajo, nuestra salud, nuestro hogar, nuestra relación con nosotros mismos, nuestra relación con los demás, nuestro estado físico, nuestras finanzas, nuestro estado emocional, nuestra espiritualidad o relación con el creador-universo-Dios...

Todas y cada una de las cosas de nuestra vida actual son resultado de nuestro *trabajo* pasado.

Quiero que vuelvas a leer la frase anterior y que pienses si tiene sentido para ti. ¡Hazlo!

Así que cuando alguien me dice que quiere cambiar de vida, lo que realmente está diciendo es que quiere cambiar al menos uno de esos resultados.

¿Cómo obtenemos resultados?

Antes de comenzar con cualquier cambio, antes de empezar cualquier viaje interior, debemos comprender cómo se obtienen los resultados.

Este círculo vicioso que voy a enseñarte está puesto en la pared de mi oficina. Es mi punto de referencia cada vez que busco un cambio de cualquier tipo. Es el ABC dentro del desarrollo personal.

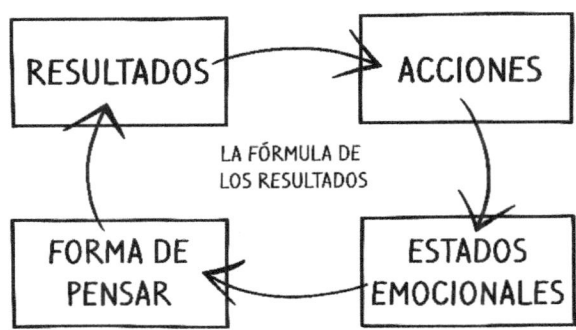

Aunque la fórmula no es compleja de interpretar, déjame que la digiramos aún más.

Los resultados actuales vienen como consecuencia de las acciones pasadas, tanto aquellas que he tomado como las que he omitido. Esas acciones, u omisiones, han venido impactadas por el estado emocional en el que me encontraba en ese momento. A su vez, ese estado emocional era la consecuencia de mi forma de pensar, es decir, de esa historia que tenía en mi cabeza.

Es entonces **la forma de pensar, nuestra mentalidad, el origen de absolutamente todo** lo que tenemos y experimentamos en nuestra vida. De hecho, cualquier cambio que quieras hacer en tu vida sigue la siguiente regla:

El 80 por ciento es psicología y el 20 por ciento es estrategia.

Por eso, cuando alguien viene con preguntas relacionadas con el cómo (de ACCIÓN), mi trabajo consiste en llevarle primero al cómo (el PSICOLÓGICO).

Este capítulo es de suma importancia, y quiero que tengas muy presente esa imagen en tu cabeza. **Todo lo que quieras cambiar en tu vida está marcado por ese círculo vicioso.**

La famosa dieta

Imaginemos que quieres perder peso. Puedes preguntarte cómo puedes perder esos cinco, diez, quince o veinte kilos que te sobran. Quizá pidas ayuda buscando lo que tienes que hacer (la acción). Pero ¿cuántas veces te han dado un plan de comidas? ¡Seguro que más de una vez! Puedes leerlos en revistas, en cualquier libro de nutrición o consultando un especialista. Puedes encontrar con relativa facilidad un plan semanal que te garantice resultados. ¿Eso significa que vayas a seguir ese plan? Lo más seguro es que no. ¿Por qué? Porque lo que te impulsa a comer o la elección de la comida es el estado emocional en el que te encuentras en cada momento y las creencias –pensamientos inconscientes– que tengas sobre la comida o tu éxito a la hora de hacer dieta en el pasado.

Cuando has tenido un día duro en la oficina, realmente agotador y lleno de estrés, comer una ensaladita y un zumo de pepino con jengibre ecológico quizás sea lo último que te apetezca. Es tu estado emocional quien está detrás de esas cosas que comes. ¿Y quién está detrás de tu estado emocional? Pues tu forma de ver el mundo. Si en tu día a día, la película de tu cabeza es no tengo tiempo, cómo voy a poder acabar todo, no doy abasto, no sé si voy a ser capaz de terminarlo, mi equipo es un desastre... Con todas esas historias en tu cabeza, ¿cómo crees que vas a sentirte?

> *La calidad de nuestra vida depende de la calidad de nuestros pensamientos, es decir, de la calidad de la historia mental que nos creamos.*

Pensar y 'googlear'

Cuando en los seminarios pregunto a la gente que quién considera que piensa, la gran mayoría levanta la mano. La gran mayoría de la gente cree que piensa, pero pensar es una cualidad que hay que trabajarla. No estoy sugiriendo para nada que

no sepas pensar, que pienses mal o que yo sepa pensar mejor que tú. Solamente digo que **pensar no es tan fácil como parece**.

¿Te has planteado alguna vez qué es pensar?

❝ El pensamiento se obtiene como el proceso interno de preguntarnos cosas y responder, sacar conclusiones sobre esas preguntas que nos hacemos. ❞

Piensa lo que te acabo de decir. Lee el párrafo anterior y piénsalo.

Al pensar esa frase, lo primero que habrás hecho es hacerte alguna pregunta. Puede ser alguna de este tipo. ¿Qué quiere decir? ¿Tiene razón? ¿De verdad es eso pensar? Ya, pero ¿qué pasa con...?

Suelo exponer la analogía de que pensar es como buscar en Google. Una vez que pones algo en Google y das a buscar, Google buscará en toda su base de datos para darte la información que has recibido. Si buscas 'beneficios de fumar', Google no va a decirte "¡PÁRALO, FERNANDO! ¡Qué tontería estás buscando!". Google no juzga tu búsqueda. Google va a buscar en su base de datos y va a ofrecerte todo lo que tenga, independientemente de si la fuente de esa información es dudosa, de si es verdad o no. Google simplemente me sirve lo que yo pido. Acabo de buscar 'beneficios de fumar' en Google. ¿Sabías que fumar elimina el riesgo de cirugía de reemplazo de rodilla? En fin, lo dicho. Google no juzga si lo que te dice es absurdo y si sus fuentes son más que dudosas. Simplemente busca todo lo que tiene y te sirve.

Tu mente, igual. Una vez que pones un concepto en la barra de conciencia de tu mente, esta va a buscar todo lo que encuentre, aunque sea pura basura. Su trabajo es servirte con información, aunque para ello tenga que mostrarte cosas sin sentido y basuras variadas.

La calidad de tus pensamientos

Si pensar es como *googlear*, entonces la calidad de mi búsqueda dependerá de cómo articule dicha búsqueda. En otras palabras, la calidad de mis preguntas va a determinar la calidad de mi vida.

Uno de mis rituales diarios es leer una serie de preguntas por la mañana y por la noche. El proceso no me quita más de diez minutos, pero es tan importante que si no hago este proceso no empiezo el día. Preguntas que siempre están en mi día son las siguientes:

1. **¿Cómo puedo traer más pasión a mi vida?**

2. **¿Por qué estoy realmente agradecido?**

3. **¿Con qué me comprometo hoy?**

Presta atención a lo que pones en esa barra de búsqueda, porque la mente simplemente te traerá información. En nuestra mente no hace falta que demos al botón de búsqueda. Simplemente con que pongamos algo de atención, nuestra mente empieza con el mecanismo de búsqueda.

La pregunta principal

Como decía, pensar comienza cuando ponemos una pregunta en nuestra barra de conciencia. Somos animales de hábitos. Por tanto, tenemos ciertas preguntas que nos hacemos tantas veces que se quedan en la barra de búsqueda y salen por defecto. A estas preguntas, el autor y conferenciante Tony Robbins las llama *preguntas principales*. Es importante estar alerta de cuáles son nuestras preguntas principales por defecto. Ejemplos de malas preguntas para empezar una historia en tu cabeza son:

1. ¿Por qué a mí?

2. ¿Otra vez?

3. No me lo puedo creer, ¿cómo es posible?

4. ¿Por qué siempre me sale mal?

5. ¿Quién se ha creído que es?

¿Aceptas el reto?

No sé si te gustan los juegos o los retos, pero te invito a que juegues. Simplemente, quiero que prestes atención a tu estado actual de pensamiento. Durante las próximas veinticuatro horas, intenta escribir cuáles son las preguntas que te haces con mayor frecuencia. Simplemente observa cómo tu mente empieza con preguntas que poco te van a servir.

El objetivo de este reto no es cambiar esas preguntas automáticas. Es solo que prestes atención a tu forma por defecto. No te preocupes, a lo largo del libro irás aprendiendo cómo ir mejorando ese proceso de pensamiento.

Ya sabes lo que dicen: *la gente inteligente tiene buenas respuestas, pero los genios buenas preguntas*. De la calidad de tus preguntas dependerá la calidad de tu vida.

Principio 2:
Activa la curiosidad

¿Abrimos la nueva botella?

Imaginemos que me invitas a cenar a tu casa y me sirves un vaso de vino para acompañar la velada. Después de una hora decides que la ocasión lo merece y que vas a compartir conmigo esa botella de vino que lleva tiempo esperando en el armario. ¡La botella reservada para las ocasiones especiales! La abres y te das cuenta de que mi vaso todavía está medio lleno de la primera botella que serviste al principio. ¿Qué harías?

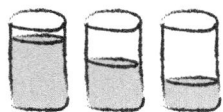 ¿Me servirías el nuevo vino en el antiguo vaso medio lleno? ¿Me traerías un nuevo vaso vacío?

Entiendo que si quieres que realmente saboree el nuevo vino, quizás me traigas un vaso vacío para poder probarlo. Después, yo decidiré si quiero seguir con ese vino o con el antiguo. Será mi elección.

Esa misma situación nos pasa aquí. Te invito a que leas el libro con otros ojos. Que minimicemos los prejuicios, incluso si lo que digo está totalmente alejado de tu forma de pensar. Cuando escuchas una opinión diferente, primero debemos asegurarnos de que **nuestro vaso está vacío**.

Cuando un NO sale de tu pensamiento, lo que estás haciendo es poner tu viejo vino y mezclarlo. Ojo, no estoy diciendo que aceptes directamente la opinión contraria, sino que si no estás de acuerdo cambies ese NO por un "hum, interesante opinión".

Este principio no solamente vendrá bien en este libro, sino en la vida real, cuando alguien comparta contigo alguna idea, alguna opinión, alguna queja que creas que está totalmente fuera de toda lógica. ***Aparca el NO automático y trae la cultura del "hum, interesante opinión".*** Trae curiosidad. Después de probar lo que te dicen puedes siempre volver a tu vaso de vino original.

Ahora vamos a probar juntos. Repitamos en voz alta:

"Hum, interesante opinión".

De forma opcional puedes tocarte la barbilla. No cambia nada, pero ¡le da un toque más interesante!

Ya me lo sé

Hay dos expresiones que frenan nuestro crecimiento y, por lo tanto, nuestras posibilidades de una vida diferente. Esas dos expresiones son NO y YA ME LO SÉ.

Mis clientes privados con peores resultados son aquellos que se han leído muchos libros de desarrollo personal y han acudido a muchos seminarios. ¿Por qué? Porque confunden haber escuchado una idea antes con el conocimiento real. Si no hay un cambio en tu vida, no has aprendido. Esos clientes tienen primero que **desaprender para empezar a aprender de verdad.**

Estoy seguro de que muchas cosas que vas a leer son familiares, otras quizás no. Lee el libro como si fueses un principiante y aplica los ejercicios como si fueras un maestro.

El dicho *"saber es poder"* ya no es válido en nuestra sociedad. Nunca antes en la historia de la humanidad hemos tenido acceso a tanta información. Puedes comprar libros de cualquier tema, ver vídeos en YouTube y aumentar ese saber. Si fuese cierto ese dicho, el poder lo tendrían los profesores universitarios, los científicos, y no es así. Muchos emprendedores de éxito son personas que no acabaron sus estudios universitarios y se lanzaron a aplicar lo que creían que sabían.

Recuerda: el conocimiento es solamente poder potencial. Poner en práctica es lo que te da el poder.

Quiero que vuelvas a leer la frase anterior y que pienses si tiene sentido para ti. ¡Hazlo!

Lo que comparto en este libro son opiniones que vienen de mi reflexión personal y de mi observación en mi trabajo. *Por favor, no tomes mis respuestas como verdades absolutas. No lo son.* Puede que con algunas de mis opiniones estés cien por cien en desacuerdo y es perfecto. Como digo en las redes sociales, si tu opinión te acerca a aquello que quieres conseguir, sigue con esa opinión. De lo contrario, ¿por qué insistes?

Yo intento no casarme con mis ideas, puesto que mis ideas me dan los resultados que ya tengo en este momento. Si quiero tener unos resultados diferentes, tendrán que venir de una forma de pensar diferente. Si algo no te sirve lo dejamos ir.

Si piensas como siempre, tendrás los resultados que ya tienes. Todo aquello que no tienes o no experimentas, todo aquello que parece imposible tiene que ser originado desde una forma de pensar diferente. Ya lo dijo Albert Einstein:

"Ningún problema puede ser resuelto en el mismo nivel de conciencia en el que se creó"

¿Aceptas el reto?

¿Quieres practicar la curiosidad? Te propongo el siguiente reto. Durante las próximas veinticuatro horas no des tu opinión a la gente. Escucha y curiosea con los puntos de vista de la gente. Pregunta y no des tu opinión a no ser que sea necesaria e insistan en saberla.

Que tu primera palabra sea un "hum, interesante opinión, cuéntame más".

Curiosea. Interésate. Saborea los otros vinos antes de decidir cuál eliges.

Verás *qué fácil es saltarse el reto, qué fácil es decir NO y querer mostrar tu opinión.* Verás *qué fácil es* dejar de escuchar porque "ya me lo sé".

Recuerda que cuando hablas reduces al máximo tu aprendizaje. Si no aprendes, no habrá nada nuevo. Si no hay nada nuevo, tendrás lo mismo de siempre. **Empieza a ver el mundo con un nuevo vaso de vino.**

Principio 3:
Evita el Victimismo

La vida es como **una obra de teatro en la que cada uno interpreta un papel.** ¿Qué papel? Pues **el papel que creemos que nos beneficia.** Este juego empieza a una edad muy temprana, a los pocos meses de vida. Cuando empiezas a observar el mundo exterior y a sacar conclusiones, empiezas a ver qué papel puedes jugar.

En psicología, la edad que va desde el nacimiento hasta aproximadamente los siete años es considerada vital. ¿Por qué? Porque nuestra mente está en formación, comprendiendo el mundo que nos rodea, sacando conclusiones y adaptándonos al entorno en el que estamos. Es durante esta fase cuando vamos llenando nuestra mente con significados sobre el mundo. Es aquí cuando empezamos a adoptar nuestras primeras estrategias.

Si lloro y recibo atención... seguiré llorando.

Si soy el niño bueno, el que cumple las normas y recibo atención... seguiré siendo el bueno, la persona que place.

Si para ganar la atención de mis padres, necesito ser el niño travieso... seguiré saltándome normas, siendo el rebelde, etc.

El problema es que nos olvidamos que fue **una estrategia específica que usamos en un momento de nuestra vida porque nos beneficiaba.** Ahora nos hemos olvidado de que estamos jugando. Ahora, además, muchas de esas estrategias inconscientes no están alineadas con las cosas que queremos conseguir.

Quizás llorar ya no te valga para conseguir un mejor trabajo, para mejorar condiciones laborales, para encontrar pareja... Quizás decir que sí a todos, cumplir órdenes y no tener iniciativa no te sirva para atraer a la pareja de tus sueños o para conseguir el puesto que te gustaría tener en la empresa.

❝ El comportamiento humano es un juego inconsciente de papeles, con el fin de ser aceptado y sentirse importante. ❞

Están aquellos a los que les gusta el drama. Los cómicos. Los trágicos. Los tristes. Los amorosos. Los aventureros.

¿Tienes hermanos? ¿Conoces familias con más de un hijo? Piensa en ellos. ¿Tienen comportamientos similares o se ha especializado cada uno en diferentes papeles? ¿Puedes ver que con sus diferentes estrategias lo que estaban haciendo es llamar la atención y obtener el beneficio que buscaban? Siempre hay un hermano más parecido al padre o a la madre. Dependiendo del amor que añoraras más cuando eras pequeño, vas a tender a comportarte así y de esa manera tener su aprobación.

El papel de víctima

Dentro de todos estos juegos, hay tres papeles que puedes tomar: la víctima, el verdugo o el observador.

Todos tenemos un papel dentro de ese juego. Nuestro papel puede cambiar de situación a situación. Cuando escoges uno de esos papeles por elección propia y con un propósito concreto, está bien. El problema surge cuando de forma inconsciente tomas repetitivamente el mismo papel. Por el propósito de este libro, vamos a centrarnos solamente en la posición que menos nos favorece.

El victimismo es una estrategia peligrosa. A corto plazo puede darte beneficios, pero va a venir con el precio de tus beneficios a largo plazo. ¿Por qué? Porque mata nuestra grandeza. El problema es que no nos damos cuenta cuando caemos en una actitud victimista. Poca gente levanta la mano cuando pregunto si hay alguna persona en la sala con actitud victimista.

Da igual quién esté leyendo esto. **En algún momento de tu vida has usado una actitud victimista. Nos pasa a todos**. El problema es cuando esa estrategia pasa a ser una constante en nuestra vida y ya no somos capaces ni de darnos cuenta de que estamos usándola. Entonces es cuando se vuelve más peligrosa.

Hay una serie de indicadores para ver si estás en una actitud victimista.

1. **Te quejas.** Te quejas de tu jefe, o de tu pareja, o de tus compañeros, o de la economía, o de tu infancia, o de lo que te pasó hace treinta años, o del Gobierno, o te quejas de que la gente se queja, etc. El tiempo que pasas quejándote nunca más lo vas a recuperar y, por lo tanto, no lo has usado en buscar la solución.

2. **Culpas.** Porque el culpable siempre es otro. Yo soy fruto de eventos que han pasado y no puedo hacer nada. O puedes incluso culparte a ti mismo, aun así sigues teniendo una actitud victimista.

3. **Te justificas o niegas.** Encuentras razones para justificar por qué la situación actual es así, por qué no se puede mejorar, por qué no puedes cumplir tus sueños.

"¡Qué falta de empatía. Tú realmente no entiendes mi caso!". Cuando escucho esta frase, sé que después vendrá una justificación, una culpa o una queja.

**O estás justificando por qué tu vida es así, o estás trabajando para que tu vida sea como te gustaría que fuese.
Pero no se pueden hacer las dos cosas a la vez.**

Quiero que vuelvas a leer la frase anterior y que pienses si tiene sentido para ti. ¡Hazlo!

¿Aceptas el reto?

Te propongo otro reto. Este reto es complejo y va a requerir que prestes mucha atención. Consiste en no quejarse, no culpar y no justificarse durante veinticuatro horas.

Mira tu reloj. Desde ahora mismo, date veinticuatro horas sin queja. Si fallas, mira el reloj y comienza de nuevo. Vas a comprobar cómo no es tan fácil, pero sobre todo vas a practicar ser consciente de tus hábitos y de tus reacciones.

Si prolongas este reto durante una semana, un mes... verás cambios espectaculares en tu vida. **Si decides comprometerte con este reto varios meses, verás cómo el mundo empieza a traerte oportunidades y gente *tóxica* empieza a desaparecer de tu vida.**

Prueba simplemente veinticuatro horas, para que veas la dificultad. ¡Si quieres alargarlo más tiempo, es bajo tu responsabilidad!

Principio 4:
Soy 100 % Responsable

 **Aviso de entrada.** Este principio no es de fácil compresión, si bien es de los más importantes. Y una vez interiorizado, es el que más libertad te va a traer.

Te aconsejo que actives la curiosidad y vigiles el victimismo para entender este principio. Ten a mano el "Hum, interesante opinión", ¿te acuerdas?

Tener una vida por diseño y no por el defecto de las circunstancias se fundamenta en la siguiente premisa:

Soy cien por cien responsable de mi vida.

Un cien por cien significa un cien por cien. No un noventa por ciento, no un cien por cien para ciertas cosas pero otras cosas no. Tú eres cien por cien responsable de tu vida, de tu salud, de tu enfermedad, de tus victorias, de tus fracasos, de tu infancia, de la situación de tu país, incluso de lo que le pasó a tu familia en las antiguas generaciones. **Cien por cien responsable de todo e independiente de todo.**

No sigas leyendo. Vuelve a leer el párrafo anterior y reflexiona sobre lo que has leído. ¿Qué opinas?

Este principio es la creencia principal de casi todas –por no decir todas– las prácticas que se dediquen a despertar la consciencia. ¿No te parece curioso?

Mi experiencia me dice que **la gran mayoría ya lo ha escuchado antes, pero muy pocos lo interiorizan.** Mucha gente me dice que lo ha entendido, pero muy pocos lo demuestran.

Es muy fácil caer en justificaciones y en quejas cuando escuchas que debemos ser cien por cien responsables de nuestra vida.

La razón principal que causa indigestión, o donde se traba mucha gente, es en la definición de la palabra responsabilidad.

La mayoría de las personas tienen asociados los conceptos de responsabilidad y culpabilidad. Por lo tanto, ¿qué culpa tengo yo de mi infancia? ¿Qué culpa tengo yo de la enfermedad de mis familiares? ¿Qué culpa tengo yo de nacer en este país, en esta época y en esta familia? ¿Qué culpa tengo yo de que tuviera que emigrar porque mi país estaba en guerra? Y oye, tienes razón, no es tu culpa. Pero eres cien por cien responsable.

> **RECUERDA: sea mi culpa o no, YO SOY CIEN POR CIEN responsable de mi vida.**

Ser responsable no significa que te pasa porque te lo merezcas, que te pasa porque es una respuesta de tu karma, que Dios te ha castigado o que el universo esté conspirando contra ti. Tampoco significa que en un momento de tu vida hiciste o no hiciste algo, y ahora estás sufriendo las consecuencias. No me refiero a eso. Eso sigue siendo similar a culpar. Es mi culpa y, por lo tanto, estas son las consecuencias de mi culpabilidad. Repito, NO, NO, NO me refiero a eso.

Significa que tengo la capacidad de responder.

Por ejemplo, si llamas a una empresa de telefonía para quejarte del mal servicio prestado en la instalación, la demora y el perjuicio que te han causado en casa. Cuando llamas hablarás con una persona de atención al cliente. La persona de atención al cliente es la responsable de solucionarte ese problema. No tiene la culpa, no fue quien te hizo la instalación. No fue a tu casa y te hizo ese servicio. Pero es la persona que tiene la capacidad de responder. ¿Cómo? Quizás te haga un descuento, quizás te envíe otro técnico. No lo sé. La capacidad de responder está limitada, pero tiene cien por cien la responsabilidad sobre el asunto.

Que eres cien por cien responsable de tu vida significa que tú tienes cien por cien la capacidad de responder y que eres tú quien escoge la respuesta que vas a dar. En la mayoría de los casos, nuestra respuesta es limitada.

Hoy no te reto

Aquí no quiero retarte. Simplemente te invito a que observes tu reacción ante este principio, puesto que hasta que no seas capaz de ver que tú tienes cien por cien capacidad de responder será muy difícil dar el siguiente paso.

Nota: Si al leer este capítulo te has sentido incómodo, te han dado ganas de decirte cuatro cosas, si hay un "ya, pero ¿qué pasa si...?", es un indicador de que debemos hacer más trabajo. Te recomiendo que acudas a la página web www.sinverguenzademi.com y en la sección de Podcast te escuches los audios número veinticuatro y veinticinco. Ahí tendrás material, gratuito, donde explico este principio en más detalle.

Fernando Moreno

SECCIÓN 3

Las preguntas

Fernando Moreno

Consideraciones previas

Uno de los patrones comunes que veo a menudo en la industria del desarrollo personal, o cuando **la gente busca un cambio** en sus vidas, es que muchas personas acuden a seminarios y más seminarios, leen libros y más libros de autoayuda, o van a sesiones de terapia y psicología... **pero después no se produce un gran cambio o no se ve reflejado en sus vidas**. ¿Por qué? ¡Buena pregunta!

Cuando trabajaba en el equipo de coaching de una de las mayores referencias mundiales del desarrollo personal, Tony Robbins, tuve la oportunidad de acudir a sus eventos en numerosas ocasiones. En esos eventos me encontraba a la misma gente una y otra vez. Recuerdo una clienta en especial, pongamos que se llamara Mimi.

Mimi había acudido muchas veces a los seminarios de Tony Robbins y otros conferenciantes. Llevaba más de cinco años en terapia psicológica, además de haber acudido a varios coaches diferentes. Había probado, según ella, prácticamente todo, y en nuestra primera sesión me lo dejó muy claro: "Fernando, tú eres mi última opción". Mimi contrató coaching por un año y después de tres sesiones, sin haber hecho lo que se había propuesto, nunca más vino. ¿Por qué? ¡Buena pregunta!

En verdad tengo una respuesta personal a esas preguntas. Al principio de mi viaje interior me pasó algo similar. Tenía miedo a sentarme conmigo mismo y buscar la respuesta dentro de mí. **Prefería leer, escuchar lo que me contaran, en vez de hacer yo el trabajo.** ¡No quería asumir el papel protagonista en la transformación de mi vida!

Como digo, el camino más largo que puedes hacer en tu vida es el camino que va desde la cabeza al corazón. En ese camino es donde se encuentran escondidos todos los traumas de nuestra vida, nuestros miedos, nuestras debilidades, nuestras frustraciones, y **no es fácil quitarse la careta, mirarse al espejo y reconciliarte con tu interior.**

No hace falta que leas cientos de libros, o que acudas a todos los seminarios que puedas encontrar para hallar una respuesta.

La respuesta siempre está dentro de ti. Solamente tienes que aprender a encontrarla y tener el coraje de sentarte para escucharla.

Si te apasiona este mundo de los libros de autoayuda como a mí, entonces lee todos los libros que quieras, pero no te olvides de sacarle todo el jugo posible a cada libro. **Los libros se llaman** *autoayuda,* **puesto que eres tú quien tiene que hacer el trabajo.**

Libertad mental

Vivimos presos en nuestra mentalidad. Como verás a lo largo del libro, tenemos dos tipos de mentes: la mente consciente y la mente inconsciente. Desde que nacemos vamos llenando nuestra mente de memorias, decisiones, aprendemos conductas, aprendemos a comportarnos. En definitiva, vamos programando nuestra mente. Llega un momento en el que literalmente dejamos de vivir y empezamos a reaccionar dependiendo de qué información es la que tenemos en esa mente inconsciente. Nos convertimos en presos de nuestras creencias, de nuestras decisiones pasadas.

Nos convertimos en presos porque no nos hemos parado a ver qué es lo que tenemos dentro. Ver todo aquello que hemos acumulado durante nuestros años de vida y comprobar si todo eso que creemos sigue teniendo sentido o no, o cuál es el precio de creerlo.

Somos reos psicológicos. **El verdadero empoderamiento te llegará cuando empieces a analizar a fondo tus creencias y te liberes de aquellas que están obsoletas y no te sirven.**

Quiero que vuelvas a leer la frase anterior y que pienses si tiene sentido para ti. ¡Hazlo!

Libera al REO

Para hacer esa labor de empoderamiento, he añadido una sección al final de cada pregunta: *Reflexión y Observación* (**"REO"**). Para poder asimilar e indagar interiormente te recomiendo lo siguiente:

• **Selecciona varios minutos en el cronómetro de tu teléfono o alarma.**

• **Lee la pregunta, el comentario o la situación sugerida y durante varios minutos céntrate solamente en ello.**

Es vital que dediquemos tiempo a estos ejercicios, que pasemos un tiempo prudencial con cada pregunta que te haga, puesto que normalmente la primera respuesta será superficial. Pero cuando sigamos observando, veremos cómo la imagen se va haciendo más clara y diferentes respuestas empiezan a salir.

Si no estás acostumbrado a la observación o contemplación, lo normal es que al principio tu mente quiera divagar e irse a otras cosas. Pensamientos de todo tipo aparecerán en tu mente. Aparecerán preguntas del tipo ¿lo estoy haciendo bien?, ¿será así?, etc. Cuando eso ocurra, simplemente sonríe y dirige tu foco otra vez a la pregunta. Son técnicas contemplativas y de observación.

• **Te recomiendo que escribas esa reflexión en papel (o en el aparato electrónico que quieras). Escribir tiene doble importancia. Por una parte, te sirve para vaciar lo que tienes en la mente. Y por otra, te servirá para poder observarlo mejor.**

• Observa lo que has escrito, reflexiona sobre el capítulo y añádele tus propias notas.

Parece simple, ¿verdad? Pues mi experiencia me dice que más de una vez vas a intentar saltarte la sección *Liberar al REO*. Si estás cansado, es muy tentador seguir con la siguiente pregunta. Puede que leas mis respuestas, y al ver las preguntas te autoconvencerás de que lo harás después: "cuando llegue a casa lo hago", "ya las haré todas juntas". Cuando te encuentres diciendo algo parecido, páralo y vuelve a Liberar al REO. **Si no haces esa sección, te puedo asegurar que vas a seguir siendo preso de tu actual forma de pensar**. La única forma de encontrar esa liberación es utilizar tu mente para ir más allá.

Toda esta información es para que hagas algo con ella. De lo contrario, no sería más que una buena charla de cena.

Yo solo puedo mostrarte mi opinión, porque la verdad únicamente puede nacer de un sitio: tu interior. Ten el coraje y accede a ella.

27 preguntas
para tu revolución personal

Por fin! Vamos a remangarnos, porque comienza la parte clave del libro. ¿Estás preparado para comenzar tu revolución personal?

El concepto es simple. Con cada capítulo quiero provocar tu pensamiento, para que puedas vaciar tu mente respondiendo a preguntas específicas. **Yo solamente puedo mostrarte la puerta. Eres tú quien tiene que entrar.**

En esta sección vas a encontrar la respuesta a las 27 preguntas que más se plantea la gente. Encontrarás preguntas de todo tipo: existenciales, relacionadas con la pareja, la mentalidad, el emprendimiento...

¿Por qué 27 preguntas? Podría decirte que es un número mágico. Podría decirte que sigue las pautas de un libro perdido de una civilización antigua. Pero este no es un libro del género fantasía y ciencia ficción. ¿La verdad? Pues porque quería poner 50, pero a mi editor no le pareció buena idea. Por lo visto, tanto podía abrumar. Así que me sugirió 25, y luego sin que se diera cuenta le colé otras dos. ¡Perdóname si creías que en el número 27 estaba la clave!

Las he agrupado por categorías, por si te es más fácil la estructura. Y recuerda que no se trata solo de leer mi respuesta, sino de hacer los ejercicios propuestos y asimilar lo que tengas que asimilar.

Te recomiendo que las leas en orden, incluso si la pregunta no te es relevante. Pero si hay alguna pregunta que te llame la atención en particular, ve a por ella de primera.

En la siguiente tabla encontrarás una relación de las preguntas y un control para que recuerdes si has respondido.

PREGUNTA	CONTROL
TRANSFORMACIÓN / CAMBIO	
1. ¿Puede una persona llegar a cambiar?	
2. ¿Por qué nos cuesta tanto cambiar?	
3. ¿Cuándo saber cuándo es el momento de cambiar de trabajo, de ciudad, de relaciones...?	
4. ¿Cómo tomo decisiones?	
5. ¿Cómo puedo salir de mi zona de confort?	
6. ¿Cómo hacer que las opiniones de otras personas no me afecten?	
MISIÓN	
7. ¿Qué hacer cuando no sé lo que quiero?	
8. ¿Cuál es mi misión en la vida?	
9. ¿Qué pasa si no puedo dedicarme a lo que quiero?	
10. ¿Debo emprender?	
11. Consecución de objetivos: hábitos, motivación y disciplina.	
12. Rendirme o seguir luchando. ¿Cuándo decir basta?	
13. No tengo tiempo para todo lo que quiero. ¿Cómo lo hago?	

PREGUNTA	CONTROL
(DES)AMOR / RELACIONES	
14. ¿Cómo mejorar mi relación sentimental?	
15. ¿Cómo superar una ruptura sentimental?	
16. ¿Debo volver con mi ex? ¿Y si me fue infiel?	
17. ¿Puede cambiar mi pareja?	
18. ¿Por qué siempre atraigo a las mismas personas?	
19. ¿Cómo puedo volver a enamorarme?	
EMOCIONES	
20. No me gusta cómo me siento. ¿Qué puedo hacer?	
21. ¿Cómo cambiar mis emociones?	
22. ¿Cómo generar más confianza?	
23. ¿Cómo superar el miedo?	
24. ¿Cómo ser un Sin Vergüenza De Mí?	
MENTE	
25. Eliminando pensamientos negativos	
26. ¿Qué hacer para que crean en mí?	
27. ¿Cómo funciona nuestra mente inconsciente?	

Te recomiendo que no leas más que **un capítulo por día**. Porque normalmente la gente que lee mucho lo que hace es acumular información y saltarse los ejercicios. Si tienes tiempo para leer más, puedes pasar más tiempo en la sección *Liberar al REO* de la pregunta, porque **es ahí donde está la respuesta que vale.**

Activa tu curiosidad, asume cien por cien responsabilidad y evita el victimismo. En las preguntas referentes a temas de (DES)AMOR, sé honesto. Entiendo que es difícil mirarse a los ojos y ver tu interior. Así que te felicito de antemano por el esfuerzo que vas hacer.

En tu trabajo interior esta la liberación.

TRANSFORMACIÓN

Y CAMBIO

1. ¿Puede una persona llegar a cambiar?

Mi misión en la vida es la transformación de las personas. Por lo tanto, **mi creencia es que la gente no solo puede cambiar, sino que además puede transformarse.**

Pero esta respuesta no necesita de una opinión o debate, puesto que la neurociencia ha demostrado que se puede cambiar. Estamos en continua evolución, si bien es cierto que pasada una edad –la década de los treinta– los cambios se producen más lentamente debido también a que es cuando solemos entrar en una mayor estabilidad en nuestras vidas.

Simplificando a la estructura más básica, **quienes somos realmente es información.** Información sobre nuestro pasado (memorias). Información sobre quiénes creemos que somos (nuestra identidad). Información sobre decisiones pasadas y sus consecuencias (momentos decisivos). Toda esa información no son más que **conexiones sinápticas:** conexiones de neuronas, esas células del cerebro que estudiaste en la escuela. Uno de los subproductos de estas conexiones es **una respuesta externa a la que llamamos comportamiento.**

Por tanto, para poder cambiar esa respuesta, ese comportamiento, debemos **cambiar nuestras conexiones neuronales.** O dicho más llanamente, **cambiar nuestra forma de pensar.**

¿Sabías que a lo largo del día generamos una media de 60.000 pensamientos? Algunos estudios dicen que podrían ser hasta 80.000. Además, el 95 por ciento de los pensamientos que tenemos hoy son los mismos que tuvimos ayer, a no ser que hagamos algo de forma consciente para cambiarlos. Otra curiosidad es que según la National Science Foundation el 80 por ciento de esos pensamientos son *negativos*. Así que, **si estás preocupado por tener pensamientos negativos, ¡bienvenido al club del ser humano!**

Cuando nos cuestionamos si la gente cambia o no cambia, la ciencia ha demostrado que no paramos de crear nuevas conexiones neuronales durante nuestra vida. Si bien, como hemos dicho antes, al llegar a determinada edad —aproximadamente los 35 años— empieza a ralentizarse mucho la creación de nuevas conexiones. ¿Por qué? Más que una razón fisiológica, que también afecta, hay que encontrar una razón de hábitos. **Básicamente caemos en la rutina y hacemos las mismas cosas de forma continua. Por tanto, no se generan nuevas conexiones.**

No es el propósito de esta pregunta mostrarte en detalle cómo se produce el cambio, sino que tengas una certeza absoluta de que el cambio es posible. Que está más que demostrado científicamente que puedes cambiar en cualquier momento de tu vida, con independencia de tu edad o tus experiencias pasadas.

Esto es muy importante, puesto que si no crees que puedes cambiar da igual lo que te diga, lo que leas o cualquier otra evidencia científica. Si crees que no puedes cambiar, harás consciente o inconscientemente cualquier cosa para no cambiar y así validar tu creencia de que no se puede cambiar. **Recuerda el dicho: si lo crees, lo creas.**

¿Podemos cambiar? Teóricamente sí. En la práctica también, pero —y aquí la mala noticia— no es sencillo y va a requerirte voluntad y esfuerzo.

Si estás interesado en la ciencia detrás del cerebro, en su funcionamiento y evolución, puedes acudir a libros de neurociencia. Uno de mis autores favoritos es el Dr. Joe Dispenza. Entre sus obras te recomendaría *"Desarrolla tu cerebro"* o *"Deja de ser tú"*.

Factores del cambio

El cambio se puede producir como respuesta a eventos externos o bien por voluntad propia.

Hay eventos externos que pueden producirnos un cambio profundo y permanente en nuestra forma de ser. Una pregunta típica en mis clientes cuando quieren crear ciertos cambios es que en cuánto tiempo pueden cambiar. En tono de broma suelo decirles que el cambio puede ser instantáneo y que lo mínimo que he llegado a ver son dos palabras que pueden producirte un cambio instantáneo. ¡Lo curioso es que esas dos palabras cambian de forma muy distinta a la gente!

¿Qué dos palabras mágicas son? "ESTOY EMBARAZADA".

Esta situación crea un nuevo panorama interno que nos hace replantearnos cosas en nuestra vida. Lo mismo puede pasar si recibimos noticias de enfermedades que nos hagan reflexionar sobre diferentes situaciones. En ese momento empezamos a forzar nuevas conexiones neuronales y dejamos de usar ciertos patrones. Por lo tanto, empezamos a perder esas conexiones. **Lo que se usa se refuerza y lo que no se usa se pierde.**

El cambio también se puede producir por voluntad propia. Y este es el que más me interesa y en el que centro mi trabajo. El cambio por voluntad propia es más complejo, pues requiere varios factores. Resumiendo el proceso:

1. Tiene que haber un **deseo y una razón para el cambio.**

2. Tiene que haber **algo concreto que queramos cambiar.** Por ejemplo, cambiar nuestra relación con el dinero, nuestra forma de pensar sobre las parejas sentimentales, nuestra forma de pensar sobre nuestro trabajo o emprendimiento, nuestra relación con nuestro cuerpo, nuestra imagen de nosotros mismos, etc.

Mucha gente acude a recursos para encontrar un cambio, pero no saben qué es lo que quieren cambiar. Y así se hace más difícil.

3. **Repetición. Al pensar activamos conexiones neuronales. Para que estas conexiones estén activas y sean usadas por defecto, debemos recurrir a la repetición.**

Para que haya un cambio en la persona tiene que haber un cambio en la forma de pensar, y esa nueva forma de pensar va a traer asociado un nuevo comportamiento externo en la mayoría de las veces. Quizás esos cambios sean tan sutiles como no reaccionar ante ciertas cosas que en el pasado te ponían nervioso.

Lava el cerebro

Habrás escuchado muchas veces la expresión *lavarte el cerebro*. ¿Qué queremos decir? Que te han inculcado ideas nuevas y a base de repetir las has interiorizado. Es decir, al repetir esas ideas has creado nuevas conexiones neuronales y se han fortalecido en tu interior. Ahora esas ideas están muy vivas en tu mente y salen sin *pensarlas*.

¿Cómo puedes lavarte el cerebro? Las noticias que escuchas a diario, las personas con las que pasas la mayor parte del tiempo, la música que escuchas a menudo, etc. Tu cerebro ha sido programado y es programado de forma constante.

Cuida, y mucho, con quién te rodeas, lo que lees, lo que escuchas, lo que ves. Todo, absolutamente todo, va directo a tu mente. Si además estás en un estado emocionalmente agitado, las memorias se graban *a fuego* en tu interior.

Si quieres cambiar, debes ser tú quien se lave el cerebro y quien decida qué es lo que va dentro.

Cambiar es posible. Pero, como digo, **requiere esfuerzo.** Repetición y estar en un estado emocional elevado son las condiciones más favorables para que se produzcan cambios en nuestra mente.

Libera al REO

Comprueba por ti mismo que el cambio es posible. *Escribe las respuestas en tu cuaderno y observa lo que escribes.*

1. Observa tu vida en los últimos diez años y comprueba las diferencias entre el tú pasado y el tú presente. Calcula diez años menos que hoy y recuerda esa época. ¿Sientes que ha habido un cambio en ti? Si te encontrases a tu yo pasado, ¿sería exactamente la misma persona? ¿Hay cosas que pensabas que eran importantes y ya no lo son? ¿O al revés? Puede que no haya habido una transformación total, ¿pero eres exactamente la misma persona? Dedícale cinco minutos a esa observación. No te distraigas. Durante cinco minutos deja que tu mente piense solo en lo que acabas de leer.

2. Busca eventos externos que te han producido cambios en tu vida. ¿Qué cambió? Dedícale cinco minutos.

3. ¿Quién te está lavando la mente ahora? ¿Quién es la mayor fuente de lavado de tu cabeza? ¿Con quién sueles pasar más tiempo? ¿Escuchas mucho las noticias en la prensa o televisión? Dedícale cinco minutos.

4. Te dejo esta observación adicional. Simplemente tengo curiosidad por saber qué te gustaría decir que ha cambiado si volvieras a hacer este ejercicio dentro de diez años.

Antes de pasar a la siguiente pregunta, ojea otra vez este capítulo y haz en tu cuaderno las anotaciones que consideres oportunas.

2. ¿Por qué nos cuesta tanto cambiar?

El cambio de una persona es posible, pero suele ser un proceso que lleva esfuerzo y dedicación. ¿Por qué? ¡En verdad es por tu bien!

Pero antes de contarte por qué nos cuesta tanto cambiar, déjame que te cuente algo sobre nuestra mente.

Consciente e Inconsciente

Todos tenemos dos mentes. La mente consciente representa menos del 5 por ciento del total y la mente inconsciente, lo restante. Por lo tanto, puedes ver cómo esa **mente inconsciente es realmente la que gobierna nuestra vida.** Dentro de ella están los principios que rigen tu vida. Esas hipótesis que has ido formando durante la vida: memorias, creencias, asociaciones...

Muchos libros ilustran estas mentes **como un iceberg.** La punta es la mente consciente, y todo lo que hay debajo, que es la gran mayoría, es nuestra mente inconsciente. A mí me gusta más verlo como **un árbol, donde las raíces forman la mente inconsciente.**

Piensa que desde que naces todos y cada uno de los eventos en tu vida quedan grabados en tu mente. Cada una de las conclusiones que has ido sacando en tu vida van formando las *lentes* con las que ves el mundo. Aunque ahora no seas consciente de ello, todo está grabado. **Todo, todo y todo.** Tus vivencias de la infancia, esas historias en el colegio, etc. Tu mente ha grabado 24 horas, tus 365 días. ¿No te ha pasado alguna vez que vas caminando y un olor te trae un recuerdo de la infancia que parecía que habías olvidado? ¿O al escuchar un nombre que llevabas años sin escuchar, te trae esa memoria del colegio y tu amigo con el mismo nombre?

Toda tu vida está dentro de ti. Todos los recursos que necesitas están también dentro de ti. En su versión negativa, todos tus miedos y traumas están también en tu interior.

Lo que pasa es que no somos conscientes de ello. No somos conscientes de que eso que llamamos *libertad* es en verdad una *prisión*. Una prisión por nuestros programas pasados. Por lo tanto, **somos esclavos de nuestro pasado a no ser que regrabemos nuestra mente con nuevos programas**.

Realmente cuando abres los ojos por la mañana, aunque creas que estás despierto y tienes libertad, lo que estás haciendo es ver el mundo con esos lentes que te has ido construyendo desde que naciste. En verdad, **sigues dormido en tu mundo**.

Los limoneros dan limones

Como digo, me gusta más ver nuestra mente como un árbol. Imagínate que tienes un limonero, pero resulta que no te gustan los limones y quieres tener un naranjo. ¿Qué haces? La respuesta buena sería plantar un naranjo. ¡Así de simple! Esto tiene sentido aquí, pero en la realidad no hacemos eso. ¿Qué hacemos?

Suele haber un periodo de lamentación y de rechazo a nuestros limones. No nos gustan.

Después cortamos todos los limones, para que el año que viene salgan naranjas.

Pero ante nuestra sorpresa, al año siguiente el mismo árbol vuelve a dar las mismas frutas.

¿Qué he hecho yo para volver a tener limones? ¿Será el karma? ¿Será que Dios no escucha mis plegarias?

Este año, cansado, decides cortar el árbol. ¡Todo el tronco fuera! Vuelves a tu pensamiento positivo de ser un naranjo. Te lees los libros sobre naranjos. Deseas y quieres ser un naranjo. ¿Qué pasa? Bueno, la respuesta es muy sencilla. **Las raíces de los limones te darán siempre limones. En esas raíces está escrita la información**.

Cuando es mejor no cambiar...

En psicología se denomina *beneficio secundario* o ganancia secundaria cuando hay otros beneficios que no parecen evidentes.

Vamos a poner un ejemplo. Imagínate a Carlos, un hombre en sus 60 años. Su relación con su mujer no es muy buena. Han ido creciendo de forma distante y apenas tienen relación. Se han convertido en buenos compañeros de piso. La relación con sus hijos tampoco es que sea muy buena. No hay ningún problema, simplemente sus hijos están más ocupados con sus vidas que en llamar a su padre. Pero un día, después de muchos meses de queja, decide acudir al médico y este le comunica una cosa que no quiere escuchar. Sufre de una enfermedad rara y además mortal. Su depresión se hace más fuerte.

Ante la noticia familiar, su mujer empieza a volcarse en él. Vuelve a ser el centro de atención de la casa. Sus hijos vienen a visitarle todos los domingos. Además, se ha juntado con un grupo de afectados por la enfermedad y le han nombrado el presidente de esa asociación. Una vez por semana se reúne con los demás afectados y se cuentan sus cosas. Es el encargado de llevar el blog de la asociación, cubriendo esa pasión olvidada desde su juventud. ¡Escribir! Aún apenado por la enfermedad, por primera vez se siente importante.

Ahora unas preguntas. ¿Qué le pasaría al hombre si no tuviera la enfermedad? ¿Cómo sería la relación con sus hijos? ¿Cómo sería la relación con su mujer? ¿Sería escuchado? Una parte de él quiere curarse, pero otra parte de él ve los beneficios que le trae la enfermedad y entra en un dilema inconsciente.

Este ejemplo que he puesto es una mera ilustración. Como decía, es lo que en psicología se denomina *beneficios secundarios*. Estos beneficios secundarios pueden ser totalmente inconscientes, es decir, no eres consciente de que esa es la razón.

Todos tenemos ese amigo o amiga que se comunica solamente contando penas, puesto que al compartir las penas es escuchado y siente la conexión con la gente. ¿Qué pasa cuando ya no le escuchas las penas y empiezas a sugerir soluciones? Lo más seguro es que te ataque o simplemente se busque otros amigos.

Mucha gente ve la procrastinación, es decir la postergación de tareas, como un problema. No es un problema, es un síntoma. Hay algo positivo detrás de toda procrastinación.

❝Mi creencia es que **la gran mayoría del comportamiento humano es aprendido y además nos beneficia de alguna manera consciente o inconsciente**. ❞

No quiero decir que la única razón para el no cambio sean beneficios secundarios. Pueden jugar otros factores, como por ejemplo no tener claro para qué se quiere el cambio, o que un cambio produzca una incertidumbre en la vida. Ya sabes el dicho: **más vale lo malo conocido que lo bueno por conocer**.

Ser tú mismo es el hábito más poderoso

Recuerda que quienes somos es puramente información, conexiones neuronales en nuestro cerebro. Simplemente, esas conexiones se han hecho muy fuertes debido a que cada vez que piensas de una forma esa conexión cobra fuerza.

¿Quién eres tú? **Eres simplemente la historia que te cuentas de ti mismo**. Al igual que a una persona le cuesta dejar hábitos como el alcohol, el tabaco, etc., el hábito de ser tú mismo es el hábito más fuerte que existe, y la mayor adicción.

El 95 por ciento de nuestros pensamientos son los mismos que ayer. Por tanto, lo que estamos haciendo cada día es reforzar quiénes creemos que somos.

En psicología se dice que la mayor fuerza que hay es **la fuerza de mantenerse coherentes con quienes creemos que somos, nuestra identidad**.

Eres eso, una **creencia que te has hecho sobre ti mismo**. Si dijéramos a tus conocidos que te describieran, seguramente iban a resaltar cualidades tuyas, positivas o negativas, que no concuerdan con la imagen que tienes de ti mismo. Y seguramente no les creerías, si no están en consonancia con lo que tú crees de ti.

Esa imagen que has creado de ti es simplemente una rutina, un papel en una obra de teatro que te has practicado tantas veces que al final has acabado creyéndotelo. **¡Además, eres muy bueno interpretando el papel de ser tú!**

Puedes pensar que viene de nacimiento. No, no viene de nacimiento. Imagínate que de pequeño tus padres te hacían más caso si te enfadabas. En otra ocasión comprobaste que cuando gritabas a tus amigos, ellos aceptaban y jugaban a lo que tú querías. Que cuando gritabas te dejaban hacer lo que deseabas. Tu mente inconsciente lo aprende y lo guarda como recurso principal.

¡Fernando, esto me viene en el ADN! ¡No! No culpes a la genética. Quizás esa estrategia fue usada por tus padres, y viste cómo ellos conseguían resultados con esa estrategia. Además, añadimos la admiración de ese niño pequeño hacia ese padre, y ese comportamiento se refuerza.

Vacía la Coca-Cola

¿Pero por qué es tan difícil cambiar? ¿Nos vale aplicar un poco de pensamientos positivos? Una de las demostraciones prácticas que suelo hacer en mis seminarios es llevar una botella de Coca-Cola y una botella de agua. Cuando alguien me pregunta si los pensamientos positivos funcionan, o si ciertas técnicas funcionan o no, se lo explico de la siguiente manera.

Si la botella de Coca-Cola representa nuestra mente antigua, esa mente que queremos cambiar para tener unos resultados diferentes, y el agua representa esos pensamientos positivos o terapias, lo que hago es poner un vaso de agua en la botella de Coca-Cola. Con el primer vaso de agua, la Coca-Cola no cambia de color. Con el segundo vaso tampoco. Pero según voy llenando más agua y más agua, la botella de Coca-Cola empieza a clarear y a base de agua y más agua, la botella se limpia.

Lo mismo pasa con nuestra mente, lo que pasa es que a la vez que vamos llenando agua con pensamientos positivos vamos poniendo más Coca-Cola cuando tenemos experiencias negativas. Por lo tanto, la transformación tarda más.

Una trasformación no va a venir de la noche a la mañana o por muchos pensamientos positivos que tengas ahora. Además, si los pensamientos positivos son de boquilla y no los crees en realidad, no funcionará.

Libera al REO

No creas este capítulo sin más. Vamos hacer una serie de ejercicios. *Escribe las respuestas en tu cuaderno y observa lo que escribes.*

1. Piensa en un comportamiento tuyo que crees que no te beneficia. ¿Cuál es el beneficio? No te límites a un NINGUNO, porque los hay. ¿Qué consigues cuando te comportas así? Por ejemplo, el abuso del enfado, la tristeza, los celos... Dedícale cinco minutos a pensar.

2. ¿Dónde crees que aprendiste ese comportamiento? ¿Es un comportamiento aceptado dentro de tu ámbito familiar o amistades?

3. Defínete a ti mismo. Escribe varios párrafos sobre quién crees que eres. Escribe tanto como quieras durante cinco minutos. ¿Cómo crees que te definiría la gente?

4. Pídele a alguna persona de las que te conocen bien que te defina. ¿Hay alguna diferencia con tu visión de ti mismo?

5. ¿Qué te está costando no cambiar? ¿Qué le dirías a tu mejor amigo en esta situación? Dedícale cinco minutos.

Antes de pasar a la siguiente pregunta, ojea otra vez este capítulo y haz en tu cuaderno las anotaciones que creas convenientes.

3. ¿Cómo saber cuándo es el momento de cambiar de trabajo, de ciudad, de relaciones...?

Normalmente, **cuando empezamos a cuestionarnos** si estamos en el sitio correcto o no, es señal de que **ha llegado el momento de empezar a mirar más adentro.**

Solemos buscar ayuda cuando tenemos un problema. Solemos ir al médico cuando tenemos algún síntoma. Parece que es condición humana dejarlo hasta que ya no hay más remedio.

¿Por qué hacemos las cosas?

Antes de meternos con el análisis del cuándo, quiero que demos un paso atrás y nos preguntemos por qué hacemos las cosas.

Hay dos motivadores principales detrás de cada acción: o queremos evitar dolor o queremos obtener placer. Normalmente, la gente está más motivada por evitar dolor que por obtener placer.

El dolor tiene su lado positivo en muchas situaciones, puesto que te obliga a salir de donde estás. **Te obliga al cambio.** Te obliga a decir basta ya y moverte adelante. Pero no todo el mundo tiene la misma resistencia al dolor. Aquellas personas que tienen un umbral al dolor más alto, es decir, que son capaces de aguantar más, tienen la ventaja de que no sufren tanto como si tuvieran el umbral más bajo. Pero también hay un gran inconveniente, y es que suelen reaccionar mucho más tarde. Incluso puede que pierdan la oportunidad, como le pasó a la rana.

La rana que no sabía que estaba hervida

La rana tiene un comportamiento muy especial. Si echamos una rana en una olla con agua hirviendo, esta salta inmediatamente hacia afuera y consigue escapar. ¿Por qué? Porque  el dolor es inaguantable. En cambio, si ponemos una olla con agua fría y echamos una rana, esta se quedará tranquila. ¿Qué pasa si calentamos el agua? Si empezamos a calentar el agua poco a poco, la rana no reacciona. Se va acomodando a la temperatura hasta que pierde el sentido y, finalmente, muere achicharrada.

Para saber cuándo es el momento de tomar el siguiente camino, debemos buscar más adentro y responder primero a varias preguntas.

1. ¿Qué es lo que quiero realmente?

En realidad, cualquier cosa que queremos conseguir es un vehículo para cubrir otra cosa. Lo que estamos buscando realmente son dos cosas: cubrir una emoción o cubrir una necesidad.

Hemos cubierto las necesidades humanas en detalle en la pregunta 7. No dejes de leerla más adelante.

Cuando explico este concepto, hay gente que me pregunta: "Fernando, yo lo que quiero es más dinero". O cualquier otra cosa material: una relación, un nuevo trabajo, viajar, etc. El dinero no es una necesidad, el dinero nunca es el último bien. **Lo que estás buscando es lo que representa para ti** ese dinero, o esa relación, viajar o cualquier cosa que busques.

Esta es una conversación muy normal que tengo con aquellos clientes que lo que buscan es, por ejemplo, más dinero.

– ¿Para qué quieres más dinero?

– Fernando, por favor, no sé. Todo el mundo quiere más dinero, ¿no?

– ¿De verdad? ¿Todo el mundo quiere más dinero? Incluso si eso fuese cierto, ¿por qué lo quieres tú?

– Para proveer a mi familia, para tener estabilidad financiera.

– ¿Qué significa estabilidad financiera para ti?

– Tener seguridad de llegar a fin de mes. Pagar las facturas y ahorrar para otras cosas.

– Ahí tienes la primera emoción que estamos buscando. Lo que estás buscando es más seguridad, y para ello crees que conseguir más dinero te la va a dar. Te dejo con este dilema. Si te ofrezco un nuevo trabajo y ganas mucho dinero, pero el inconveniente es que te tienes que ir a vivir a un país en guerra, ¿lo harías?

– Claro que no.

– ¿No decías que todo el mundo quería más dinero?

Lo mismo pasa con otras cosas. Por ejemplo, cuando queremos cambiar de trabajo. Cuando empezamos en el trabajo actual había una necesidad que necesitábamos cubrir. Quizás buscábamos seguridad financiera y decidimos que conseguir otro trabajo era la forma de lograr esa seguridad. Ahora el tiempo ha pasado y otras necesidades empiezan a jugar. Quizás la necesidad de sentirse importante en el trabajo. La necesidad de hacer cosas diferentes. La necesidad de conectar con la gente a un nivel mayor. Quizás sea la necesidad de contribuir. O simplemente quieres seguir creciendo y crees que ese trabajo te ha quedado pequeño.

Es importante reconocer qué necesidades tienes sin cubrir en tu puesto de trabajo. Cuando la gente no da el siguiente paso, lo podemos llamar *miedo*, lo podemos llamar como quieras, pero lo que hay detrás es que tu necesidad por certeza/seguridad es mayor que las otras necesidades. Esto se te aclarará cuando leas la pregunta 7.

En las relaciones nos pasa exactamente lo mismo, lo que ocurre es que se complica porque no solo son tus necesidades, sino las necesidades de la otra persona. En las preguntas referentes a relaciones te daré más información.

2. ¿Cómo será mi futuro si sigo igual?

Ya sabes el dicho: **si nada cambia, nada cambia.** Por lo tanto, cuando nada cambia **es muy fácil adivinar el futuro,** puesto que va a ser igual que el presente. Simplemente, las emociones se acentuarán porque esa necesidad empieza más latente.

El momento del cambio comienza primero como un pequeño susurro. Puede que le hagas caso, puede que no. Después ese susurro se hace mayor y pasa a convertirse en una pequeña voz en tu mente. Si no le haces caso, esa pequeña voz empieza a subir de volumen y llega un momento que monopoliza el discurso.

Si quieres saber si es el momento de cambio, pregúntate cómo será tu vida dentro de diez años si nada cambia. **Y si no te gusta lo que ves, ¡no seas rana!**

Libera al REO

Solo tú sabes cuándo es el momento del cambio. Miremos adentro. ***Escribe las respuestas en tu cuaderno y observa lo que escribes.***

1. **¿En qué área de tu vida quieres hacer ese cambio? Haz un análisis de necesidades en esa área. Observa qué necesidades no tienes cubiertas (lee la pregunta 7 para una mayor compresión). Dedícale cinco minutos.**

2. **Este ejercicio es más efectivo si te relajas, cierras los ojos y piensas en lo siguiente. Quiero que te imagines tu vida dentro de cinco años si no tomas la decisión, si sigues exactamente en el mismo sitio. Quiero que te observes cinco, diez, quince años después mirándote al espejo, sintiendo lo que vas a sentir, viendo lo que vas a ver, lo que te vas a decir a ti mismo...**

Antes de pasar a la siguiente pregunta, ojea otra vez este capítulo y haz en tu cuaderno las anotaciones que creas convenientes.

4. ¿Cómo tomar decisiones?

A **base de decisiones es como creamos nuestro destino.** Ahora mismo, al leer estas palabras puedes tomar una decisión que cambie tu vida. Puedes llamar a tu jefe y dejar tu trabajo, puedes dejar la relación en la que estás, puedes decidir mudarte... O puedes no hacerlo. Tú decides.

Cuando algunos clientes me dicen que no son buenos tomando decisiones, o directamente que no toman decisiones, les hago ver que en todo momento estamos tomando la decisión de seguir como estamos. ¡Por lo tanto somos buenísimos tomando decisiones!

¡Sí! No tomar una decisión es en sí mismo tomar una decisión.

El nuevo coronel

Era la primera reunión en la que el coronel Cooper tomaba el mando. En la mesa había medio centenar de asesores. Expertos de todo tipo que durante cinco años estaban trabajando en solucionar uno de los problemas logísticos del ejército. Tras mucho debatir, no se habían puesto de acuerdo en qué decisión se debía tomar. Todas tenían ventajas y todas tenían inconvenientes.

Como de costumbre, los expertos volvieron a mostrar sus opiniones. El nuevo coronel pensó un minuto y tomó una decisión. El equipo de trabajo del coronel se quedó sorprendido.

¿Cómo era posible? ¿Cómo podía ser que el nuevo coronel tardase un minuto, mientras que el antiguo no tomara ninguna decisión en más de cinco años?

Su equipo de trabajo, lleno de asombro, pidió permiso para preguntarle en privado.

— ¿Cómo es posible que hayas tardado en responder un minuto? Sabemos que no eres experto en la materia. Ni siquiera los expertos saben cuál es la mejor decisión. Además, tu antecesor no llegó a tomar una decisión en cinco años. ¿Cómo lo has hecho? ¿Qué ves que nosotros no vemos?

El nuevo coronel respondió:

— Es verdad. No soy un experto en la materia, la gran mayoría de esta información se escapa de mi entendimiento. Pero no me pagan por saber, sino por tomar decisiones. Durante cinco años los expertos han estado trabajando en encontrar la mejor solución. En todas hay inconvenientes y en todas hay beneficios. Yo simplemente he optado por una. No podemos permitirnos cinco años más de indecisiones.

El coronel se despidió del grupo y siguió con sus actividades.

¿Qué nos para a tomar decisiones?

El motivo principal por el cual no tomamos decisiones es ¡MIEDO! Este miedo viene escondido de diferentes maneras.

1. **Miedo a equivocarnos. ¿Será correcta o no mi decisión?**

   Recuerda que no vamos a saber el resultado de la toma de decisión hasta que hayas tomado la decisión. Una vez que la decisión es firme, las cosas empiezan a moverse.

   Muchas veces, cuando el resultado no es el esperado, pensamos que la otra opción hubiera sido la correcta (culpamos nuestra decisión), pero la verdad es que tampoco sabemos qué habría pasado si hubiéramos tomado la otra opción. Quizás ninguna de las opciones que nos planteábamos era la buena. **Quizás la toma de decisiones nos abra nuevas posibilidades que no se hubieran abierto de otra forma.**

Pensar que la otra opción hubiera sido la buena es una fantasía, porque no sabes cómo habría evolucionado el resto de las cosas debido a esa opción tomada. Además de fantasear, es hacerte la víctima.

2. **Necesitamos más información.** Este es otro tipo de miedo, puesto que nunca vas a tener toda la información para tomar una decisión al cien por cien. Las decisiones no se hacen al tener un cien por cien de información y con cero por ciento de riesgo. Si este fuese el caso, ¿por qué tienes que tomar una decisión? Es importante tener información, pero no caer en el síndrome de parálisis por análisis.

Tomando decisiones: consideraciones previas

Voy a compartir contigo uno de los métodos para la toma de decisiones que aprendí en mi trabajo con Tony Robbins. Pero antes, varios recordatorios:

- Antes de tomar cualquier decisión **comprueba el estado emocional en el que te encuentras.** No dejes que el miedo sea quien dicte la decisión. Decisiones basadas en miedo van a llevarte a una elección muy pobre. Antes de tomar una decisión importante, descansa tu mente. No dejes tampoco que la euforia momentánea te ciegue a la hora de tomar decisiones que impliquen un proceso largo.

- Las decisiones importantes **se deben tomar siempre en papel.** ¿Por qué? Porque la mente va a estar corriendo diferentes posibilidades en forma de bucle. Esto te va a causar mucha pérdida de energía. Cuando lo ves en papel, verás que todo es más fácil de manejar y apreciarás realmente las opciones que tienes.

- Como norma general, no tomes decisiones hasta que no tengas al menos tres alternativas. Cuando solo tienes una opción, en verdad no estás tomando decisiones. Cuando tienes dos opciones, lo que tienes es un dilema. Fuérzate a tener tres alternativas.

- Obtén claridad sobre lo que quieres conseguir. **Céntrate en el resultado que estás buscando y no tanto en la estrategia para llegar.** ¿Qué es lo que quieres y para qué lo quieres? Muchas veces queremos conseguir varias cosas y esto parece que lo complica. **Pon prioridad a esas cosas que queremos conseguir.**

  Por ejemplo, si quieres conseguir trabajar menos tiempo, ganar el mismo dinero que estás ganando ahora, no tener que ir a la oficina, etc., perfecto. ¿Cuál de estas cosas es tu prioridad número uno? ¿Y la dos? ¿Y la tres...?

- Recuerda, las decisiones se basan en probabilidad. Nunca vas a tener certeza absoluta. No la busques. Incluso si tienes certeza absoluta de lo que vas a decidir, no sabes cuál será la respuesta externa.

- Todas las decisiones tienen asociado cierto tipo de riesgos. ¿Qué es lo peor que puede pasar? ¿Es probable? ¿Qué pasa si eso ocurre?

  Los grandes empresarios, y me refiero a las grandes fortunas del planeta, toman decisiones basándose en gestión de riesgos. Saben que todo el riesgo no se puede eliminar. Saben que todo es cuestión de probabilidades y no van a tener certeza segura. Lo que quieren saber es qué va a pasar si las cosas no salen como se esperaban. ¿Pueden vivir con esa decisión? Si pueden gestionar el peor escenario, entonces toman esa decisión.

Tomando decisiones

Ha llegado el momento de empezar a tomar decisiones. Aplica este modelo:

- **Clarifica tu resultado.** ¿Qué resultado espero? Ten claro lo que quieres conseguir y el orden de preferencia. Escríbelo.

- **Escribe las alternativas.** Recuerda, necesitamos un mínimo de tres.

- **Piensa las consecuencias.** Toda opción tiene sus ventajas e inconvenientes.

- **Evalúa las opciones.** Es hora de revisar las consecuencias, la probabilidad de que eso ocurra, y la importancia de esas consecuencias.

- **Minimizando daños.** ¿Hay alguna manera de eliminar esos riesgos? Esta fase es importante, puesto que te hace pensar en planes de emergencia y posibles soluciones si las consecuencias negativas se producen realmente.

- **Decide.** Ya has hecho el trabajo. Decide.

Recuerda aquella viñeta de humor. Un paciente se acerca al doctor y le pregunta: doctor, ¿qué debo tomar para sentirme mejor? El doctor no duda un segundo: ¡DECISIONES!

Libera al REO

El proceso de tomar decisiones se mejora cuando tomas decisiones. *¡Practiquemos! Escribe las respuestas en tu cuaderno y observa lo que escribes.*

1. **¿Qué decisión tienes pendiente de tomar que te está quitando el sueño? Estoy seguro de que, como le pasó al Coronel Cooper, ya has pensado en todo lo pensable. Prueba el método que has aprendido aquí. Recuerda que el no tomar decisiones equivale a toma de decisiones. Si quieres saber las consecuencias de quedarte como estás, simplemente imagínate tu vida en tres, cinco, diez años si te quedas como estás. Dedícale el tiempo que creas conveniente a este ejercicio. Fuérzate en no darle más de quince minutos.**

Antes de pasar a la siguiente pregunta, ojea otra vez este capítulo y haz en tu cuaderno las anotaciones que creas convenientes.

5. ¿Cómo puedo salir de mi zona de confort?

Y yo me pregunto: ¿Qué malo tiene el confort? ¿Por qué todo el mundo quiere salir de ahí?

Muchas frases motivacionales están basadas en ese concepto de salir de la zona de confort.

"Todo lo que deseas está más allá de tu zona de confort". Puedes leer esto en muchas de esas citas que inundan las redes, a veces junto a alguna imagen que da grima. Muy bien, gracias por el mensaje, pero **¿qué hago ahora?**

Lo habrás visto tantas veces que es ya un cliché. Mucha gente tiene asociado incluso coaching con simplemente eso: hacerte salir de tu zona de confort.

Por definición, tu zona de confort es esa zona donde te has habituado, donde has creado el hábito de ser tú mismo. Te sientes totalmente familiarizado con lo que tienes que hacer y te sientes familiarizado con el sentimiento que eso te produce.

CÓMO viene siempre después de PARA QUÉ

Te puedo mandar una serie de actividades que te van a hacer salir de la zona de confort. Por ejemplo, quiero que hagas la siguiente tarea ahora mismo:

1. **Ponte a cantar en mitad de la calle tu canción favorita con todo sentimiento.**

2. **Sal y pide dinero a la gente para que te financie un taxi.**

¡Para, para! Antes de ponerte a hacer esas cosas sin sentido, debemos responder un **¿por qué? o ¿para qué?**

Si hablar con un extraño te produce cierta vergüenza y te gustaría poder hablar con personas con mayor fluidez, te puedo pedir que simplemente hables con más gente. Pero eso no va a ayudarte. Eso ya lo sabes tú mismo. Pero, ¿para qué quieres hablar con personas más abiertamente? ¿Por qué es tan importante para ti?

Por ejemplo, si te solicito que pidas a la gente diez euros para un taxi, quizá te sientas incómodo y no lo hagas. Pero si te digo que acabas de recibir un mensaje de un familiar y tienes que ir al hospital con urgencia y necesitas los diez euros para pedir el taxi, ¿crees que lo pedirías? Sería más fácil, ¿verdad?

La misma acción puede hacerte sentir incómodo o puede que no. Es la misma acción, pero en un caso te sientes incómodo y en otro menos o nada. ¿Por qué? Porque hay un PORQUÉ mayor y muy claro.

Como decía el cómico español José Mota, *si hay que salir se sale, pero salir pa ná es tontería*. 🙂

No se trata de salir a ningún sitio. Se trata de expandirse, de crecer bajo la firme creencia de que **nada nuevo puede ser conseguido haciendo lo mismo de siempre.**

Olvídalo, no te vas a sentir cómodo

Salir de esa zona de confort no es cómodo. Y si lo fuese, es que en verdad no estabas fuera de tu zona de comodidad. Simplemente estabas fuera de las cosas que normalmente haces.

No vas a sentirte cómodo tomando esas acciones, pero aquí está uno de los secretos. **Lo que te hace sentir incómodo nunca es la acción.** Nunca es nunca. **Da igual lo que sea**: salir desnudo por la calle, cantar a corazón abierto, decir a tu jefe que te mereces un ascenso, decirle lo que sientes a esa persona que no te puedes quitar de la cabeza, etc. Como digo, **NUNCA es la acción.** Entonces, ¿qué es? La respuesta es muy simple: la historia que te has montado en tu cabeza. ¡Tu forma de pensar!

Cuando leas la pregunta 21 verás cómo toda emoción es un subproducto de dos cosas: tu lenguaje corporal y la historia que cuentas (foco y lenguaje). La historia que cuentas muchas veces comienza en forma de preguntas. ¿Qué van a pensar de mí? ¿Y si no lo consigo? ¿Y si me rechazan? ¿Quién soy yo para pedir esto? Cuando te haces esas preguntas, tu mente va a responder lo primero que viene. ¿Te acuerdas del Principio 1? Si no te acuerdas, repásalo. Está en la segunda sección del libro.

Cambia la película de tu cabeza. Si tu porqué es muy grande, no habrá charla interna que te pare. Y recuerda: **la única manera de superar algo es haciéndolo.**

Cámara y acción

Voy a compartir contigo otro truco que puede ayudarte. Como he dicho antes, nunca es la acción lo que te hace sentir incómodo. Es lo que tú crees que la acción significa, esa historia que está en tu cabeza.

 Cambia el significado de la acción. Conviértete en otra persona. ¿Sabías que la gran mayoría de actores son personas introvertidas? Esto puede chocar a la gran mayoría, puesto que parece irónico. ¿Cómo van a ser introvertidos si están ahí actuando delante de tanta gente? Pues el secreto es que el actor literalmente se transforma en otra persona, piensa como la otra persona y, por lo tanto, actúa como la otra persona.

Si hay una creencia que debes quitarte de la cabeza, un pensamiento que te está bloqueando, es la pregunta que te haces sobre **qué van a pensar de ti**. Si tienes un enfoque egoísta, es decir, centrado en ti, lo más normal es que sientas vergüenza, te juzgues y no te sientas cómodo.

Deja de ser egoísta y pensar que eres el centro del universo. Y si alguien te está mirando, ¿cuánto tiempo crees que va a tardar en olvidarse de lo que has dicho o hecho?

Antes muerto que hablando

¿Sabías que el miedo a hablar en público es mayor al miedo a la propia muerte? Suena ridículo, pero las encuestas muestran que hablar en público es el miedo número uno. ¿Por qué? Pues por lo mismo que te he contado antes. ¿Qué van a pensar de MÍ? Está siempre en la mente de la persona. ¿Y si se ríen de MÍ? ¿Y si piensan que YO no soy interesante?

Los grandes oradores no tienen miedo. Pueden tenerle respeto, pero no ese pánico. Y esto es justo por eso mismo, porque no tienen un enfoque egoísta. Tienen un enfoque en las otras personas. Cuando haces que la acción sea menos sobre ti, todo se hace mejor.

Pero… ¿cómo?

Te dejo una receta que puede servirte de recordatorio:

- **Decide** qué es lo que quieres hacer.

- **Ten muy claro para qué lo quieres. Hacer por hacer no suele ser un gran motivador. ¿Por qué es importante? ¿Para qué quieres hacerlo?**

- **¿Conoces a alguien de quien puedas inspirarte? Alguien cuya acción que estás pensando hacer sea algo muy normal para esa persona.**

- Si puedes, **habla con esa persona** y pregúntale qué piensa cuando lo está haciendo. Esto te dará una pista sobre la historia que puedes tú decirte mentalmente.

- Por último, hazlo. **Recuerda que no tienes por qué sentirte cómodo.** Que si te sientes incómodo está totalmente bien. Que no va a pasarte nada, solo un poco de incomodidad, y a la vez estás expandiendo tu forma de ser. Es como esos zapatos que te pones por primera vez. Al principio pueden molestar un poco, pero con el tiempo ceden y se convierten en tus zapatos favoritos.

Libera al REO

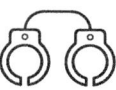

Todo zapato duele al estrenarse. ***Escribe las respuestas en tu cuaderno y observa lo que escribes.***

1. Piensa en algo que quieras hacer pero que lo veas fuera de tu zona de confort. ¿Para qué quieres hacerlo? ¿Qué resultado quieres obtener? ¿Qué estás pensando en cambiar? Dedícale dos minutos.

2. Identifica los pensamientos que tienes asociados a tomar esa acción. Escribe todo lo que tengas asociado. Dedícale cinco minutos.

3. ¿Qué otros significados podrías darle? Escríbelos. Dedícale cinco minutos.

4. ¿Conoces a alguien que parezca natural en eso? Habla con esa persona y pregúntale para qué lo hace y qué pensamientos tiene asociados al hecho de hacerlo.

Antes de pasar a la siguiente pregunta, ojea otra vez este capítulo y haz en tu cuaderno las anotaciones que creas convenientes.

6. ¿Cómo hacer que las opiniones de otras personas no me afecten?

L as opiniones son gratuitas. Además, al darlas parece que estás ayudando, contribuyendo a la otra persona. Por lo tanto, es normal que las recibas a menudo. Y es normal que tú también las des.

Cuando una persona muestra su opinión, te está regalando mucha información sobre su forma de ver el mundo. Y eso hay que aprovecharlo.

Uno de mis mentores siempre me repetía lo mismo: "Cuidado, cuando aceptas una opinión de una persona estás comprando también el resultado asociado a ella. ¿De verdad lo quieres?".

Antes de empezar a responderte, déjame hacerte una pregunta.

¿Cómo haces para que las opiniones de otras personas te afecten?

Piensa en un comentario que te hayan hecho recientemente, es decir, una opinión de una persona que te haya molestado. ¿Cómo has hecho para que te moleste?

- **Quizás te afectan porque crees que lo que dicen es verdad y te das cuenta de que estabas equivocado. Y a EGO no le gusta eso.**

- O quizás veas que es mentira, te parezca una injusticia y quieras dejar los puntos claros.

- Puede que te afecten porque crees que esa persona tiene más experiencia y, por lo tanto, debes seguir todo lo que te dice.

- O puede afectarte porque viene de una persona que quieres y te veas obligado a seguir esos consejos. Puede ser que pienses que si no sigues esos consejos puedes desilusionar a esa persona.

- O quizás te afecte porque te preguntes que quiénes son otras personas para opinar de cualquier cosa de tu vida.

Para y piensa. **¿Qué ocurre en tu cabeza cuando alguien te da una opinión?**

Ahora bien, ¿qué pasaría si esa misma opinión, exactamente esa opinión o consejo que te han dado, viniese de un niño de cinco años? ¿Te afectaría? Cuando hago estas preguntas, la gran mayoría de la gente me dice que no, que no le afectaría, que incluso le haría gracia o lo mirarían con ternura. Pero si esas mismas palabras vienen de otra persona les sientan mal. ¿No te parece curioso? Por lo tanto, **Primera Regla: "No es la opinión lo que te afecta, es la película interna que te estás creando".**

¿Por qué no te afectaría si es un niño de cinco años? Pues porque es irrelevante, no tiene experiencia, no sabe lo que dice, repite lo que ha oído... Perfecto, recuerda estas palabras.

¿De dónde vienen las opiniones?

Las opiniones en realidad son las conclusiones de una persona. Se basan en cómo esa persona analiza el mundo externo. Por ejemplo, imagínate que una mujer que crees conocer piensa que todos los hombres son unos interesados y van a lo mismo. Creencias basadas en sus experiencias pasadas. Esa amiga va a tener una opinión sobre tu nueva cita muy diferente a otra persona que, debido a sus experiencias pasadas, piensa que hay hombres buenos, malos y de todos los colores, y solamente tienes que conocer más a la gente. ¿A quién escuchas? Desgraciadamente escucharás más a la negativa, puesto que tu mente, en su afán por protegerte y como guardiana de tu supervivencia, tiene un especial interés en riesgos o cosas potencialmente peligrosas.

Recuerda: detrás de toda conclusión hay ciertas creencias de cada una de las personas. Intenta sacar información sobre esas creencias.

Antes de ponerte a discutir con la persona, practica tu Yo Curioso y haz preguntas hasta ver qué creencias tiene esa persona. Las opiniones son conclusiones sacadas de esas creencias. Por lo tanto, no puedes cambiar una opinión si no has cambiado las creencias de las personas.

Segunda Regla: "Intentar cambiar la opinión de una persona sin cambiar sus creencias no sirve para nada".

Pero ¿por qué comparten esa opinión?

Cuando comparten sus opiniones, recuerda que están hablando desde su experiencia. Te están trasladando sus pensamientos, sus miedos, sus frustraciones, sus sueños, sus planes o sus envidias.

La gran mayoría de las veces te lo dicen porque te quieren y porque no quieren verte sufrir. Ellos en esa situación sufrirían y por eso quieren evitártelo a ti.

Pero puede ser también que te la den porque son ellos los que no quieren sufrir. Cuando no encuentras ese apoyo que estás buscando puede que tu cambio sea interpretado como una amenaza para la estabilidad de la otra persona. No quiere dejar de tener la relación actual y prefiere lo malo conocido que lo bueno por conocer.

Tique de regalo

Quizás no te gusten, pero las opiniones son un regalo que te están haciendo. Si un amigo te hace un regalo por Navidad con toda la buena intención del mundo y no te gusta, ¿qué harías? ¿Te enfadas? Lo más seguro es que le des las gracias, le sonríes, y si tiene un tique de compra vas a la tienda y lo cambias. ¿Por qué no haces lo mismo con las opiniones?

Tercera Regla: "Las opiniones solo te afectan si te las quedas".

Sinceramente, ¿te cambiarías por la persona?

Dice el sabio que solamente aceptes consejos de las personas con las que te cambiarías.

¿Aceptarías la opinión de un pobre sobre cómo construir riqueza? ¿Aceptarías la opinión de cómo mantener una relación sentimental de alguien que está soltero y nunca tuvo una? ¿Aceptarías la opinión sobre cómo viajar de alguien que no ha salido de su pueblo? ¿Aceptarías la opinión sobre qué hacer con tu vida procedente de alguien que no ha hecho nada con la suya?

Ten muy presente a quién escuchas. Hay muchos niños de cinco años en cuerpos de treinta, cuarenta, incluso ochenta años.

No más preguntas, señoría

Es común que me encuentre gente escéptica sobre el mundo del coaching o del desarrollo personal en general.

Las pasadas Navidades tuve una cena con un grupo de conocidos que no veía desde hace mucho tiempo. Cuando nos pusimos a hablar, lo primero que salieron fueron las típicas conversaciones para romper el hielo, esas referentes a nuestras profesiones.

Al llegar mi turno les conté que me dedicaba al coaching y que trabajaba para un conferenciante americano. Lo estaba explicando brevemente, cuando uno de ellos exclamo en alto: "¡Otro vendehúmos! Ese Tony Robbins es un cantamañanas".

Al escuchar esas palabras, mi EGO se despertó. "Otro idiota", pensé automáticamente. Si bien no le dije nada y simplemente me dediqué por unos pocos segundos a tranquilizar a mi EGO.

No me importó sentirme dolido al principio, no estaba preparado para ello. Por lo tanto, ¿qué hice? Recordar las reglas que te acabo de contar en este capítulo y despertar a mi Yo Curioso: "Hum, interesante opinión".

- Veo que es un tema que te ha hecho reaccionar. ¿Has ido a alguno de los eventos de Tony?, le pregunté con cara de sorpresa.

- ¡No!, me respondió con fuerza. Ni me hace falta. No necesito nadie que me motive.

- ¿Te has leído alguno de sus libros o algunos de sus materiales?, pregunté con curiosidad por saber de dónde venía su opinión.

- No. No leo esa basura de libros.

- ¿Has acudido alguna vez a algún coach?, volví a preguntar con más curiosidad.

- No.

- Veo que tienes una fuerte opinión sobre el tema. Entonces, ¿de dónde viene esa reacción?

- Un amigo...

Ahí desconecté. Me dediqué a escucharle con tranquilidad y con respeto. Cuando acabó de vomitar su rabia, odio o su sed por sentirse importante, simplemente pensé: ¡No más preguntas, señoría! Y reconocí a ese niño de cinco años dentro de él.

¿Por qué no me molestó más? Pues porque es irrelevante. No tiene experiencia, no sabe lo que dice, repite lo que ha oído...

El sistema

Como bien sabes de tu propia experiencia, prepárate a recibir opiniones. Cuando las recibas, te recomiendo que tengas a mano el siguiente modelo de pensamiento.

1. **Tranquiliza a tu EGO si se siente dolido.** Deja a la persona hablar mientras te repones, conecta con tu Yo Curioso y empieza a recordar las tres reglas enunciadas en este capítulo.

2. **Perdónate.** Sí, si sientes que esa opinión te ha afectado y estás pensando que no debería afectarte. Está bien que te hayas sentido afectado. Lo que importa ahora es tu reacción siguiente, no la pasada.

3. **Agradece la opinión.** Una vez tranquilizado, dale las gracias por el regalo y deja que se explique. Haz preguntas para ver de dónde vienen esas creencias.

4. **Evalúa internamente.** ¿Tienen algún punto válido esas creencias? ¿Estás aprendiendo o lo consideras apropiado? ¿Es un niño de cinco años?

5. **¡No más preguntas, señoría!**

Las enseñanzas del Maestro

Si después de leer este capítulo tienes problemas a la hora de gestionar las opiniones ajenas, recuerda las enseñanzas del viejo maestro.

– Maestro, ¿cuál crees que es el secreto de la felicidad?

– Querido alumno, el secreto de la felicidad es no discutir con ignorantes.

– ¿De verdad? Maestro, no creo que ese sea el secreto.

– Hum, tienes toda la razón, querido alumno.

Libera al REO

Que las opiniones afecten lo que tú decidas. **Escribe las respuestas en tu cuaderno y observa lo que escribes.**

1. Escribe en un papel las tres reglas enunciadas en este capítulo. Tenlas a mano. Piensa sobre ellas durante cinco minutos.

2. Piensa en alguien cuya opinión suele molestarte. ¿Cómo haces que te afecte esa opinión? ¿Por qué crees que te da opiniones? ¿Te gustan los resultados que esa persona tiene en relación a las opiniones que te da? ¿Reconoces en esa persona al niño de cinco años en esa área?

3. Apunta el sistema en una hoja separada y llévala contigo. Reflexiona sobre el sistema.

4. Practiquemos. Durante las próximas 24 o 48 horas quiero que te dediques a pedir la opinión a la gente que está al tu alrededor. ¿Opinión de qué? De lo que te dé la gana: política, religión, tu vida... Tu trabajo tiene que consistir en indagar cuáles son las creencias que esas personas tienen sobre esa opinión. Tu misión es distinguir entre las opiniones de cinco años.

Antes de pasar a la siguiente pregunta, ojea otra vez este capítulo y haz en tu cuaderno las anotaciones que creas convenientes.

Podcast... ¿Qué? ¡Sí! Los Podcast de Sin Vergüenza De Mí. **Son episodios que se pueden escuchar gratuitamente desde diferentes plataformas.**

Fernando te trae todas las semanas tu receta semanal de desarrollo personal. No dejes de conectarte. Entrevistas con gente inspiradora, consejos, meditaciones... el material que necesitas para vivir una vida bien vivida.

Profundiza en cada una de las 27 preguntas con los episodios del podcast. Fernando desarrolla una a una cada pregunta para profundizar en ellas y ayudarte a dominarla.

 **¿Cómo escucharlos?** Si tienes la tecnología de códigos QR, simplemente escanea la imagen para ir a los episodios del podcast.

Si no estás actualizado con esta tecnología, los podcast los encontrarás en la siguiente página web:

www.sinverguenzademi.com/podcasts

Además están disponible gratuitamente en plataformas como:

MISIÓN

7. ¿Qué hago cuando no sé lo que quiero?

¿Qué hacer cuando no sabemos lo que queremos? Es común que en algún momento en nuestra vida tengamos la sensación de no saber qué es lo que queremos, que estemos perdidos, que tengamos dudas. Así que si estás en esta fase, ¡bienvenido al club, no eres el único!

Pero antes de seguir, déjame comprobar algo. **¿Realmente no sabes lo que quieres o en realidad es que no sabes cómo conseguirlo?** Son dos cosas bien distintas.

Mucha gente cuando lo que quiere parece que está muy lejos de su alcance, acaba por resignarse y empieza con la cantinela de no sé lo que quiero.

No sé lo que quiero es una canción peligrosa. Digo canción porque es lo que es. **Es una letra de una canción pegadiza** que te has cantado tantas veces que has acabado por creértela (te has lavado el cerebro, lee la pregunta 1 para que veas la importancia de la repetición).

Yo viví más de quince años cantando esa canción. Por eso sé que puede ser muy pegadiza. Un día cambié esa canción por otra mucho mejor. Mi mantra:

Sé lo que quiero, merezco lo que quiero, consigo lo que quiero.

Adivina

Si te tuviera delante, no te permitiría que tu contestación fuese un *no sé lo que quiero.* Te diría que lo adivines, que lo intuyas... Pero que no uses un *no sé.*

En verdad sabes lo que quieres. ¿Por qué estoy tan seguro? Porque si no sabes lo que estás buscando no habría un sentimiento de que algo falta. Una persona que nunca ha visto el océano, que no sabe ni lo que es, es imposible que lo busque.

Cuando hablamos de que no sabemos lo que queremos, es importante que te focalices en un área en concreto. No sabes lo que quieres en ¿relaciones?, ¿carrera profesional? ¡En la vida en general, Fernando!

¿En serio? ¿En todas y cada una de las áreas de tu vida estás perdido?

Sigue leyendo hasta la última página del libro, porque tengo un regalo para ti que puede ayudarte. ¡Es un secreto! Pero tienes que leer hasta el final.

¿Qué es lo que estamos buscando realmente?

Tras trabajar con varios cientos de personas que se hacen esta pregunta, puedo decirte que **lo más seguro es que lo que estés buscando es sentirte de una forma determinada.**

Quizás es sentirte más pleno. Quizás sentirte útil, sentir amor, sentir conexión con la gente, sentir variedad y escapar de la rutina. No sé lo que es, pero estoy seguro de que si hablásemos en persona y lo hiciésemos en profundidad la conversación iría por ese terreno del SENTIR y del SER, más que del hacer o tener.

Quizás te ha pasado alguna vez desear con todas tus fuerzas algo y cuando lo tienes te sientes igual y te preguntas: ¿todo para esto? ¿Sabes por qué? Porque en tu mente tienes asociado conseguir eso a sentirte de una manera determinada. Por ejemplo, cuando consiga el ascenso me sentiré importante, valorado, satisfecho... Cuando tenga pareja me sentiré bien conmigo mismo. Lo que pasa es que el tener o conseguir son cosas diferentes a sentirse.

Cambia tu forma de sentirte, primera aproximación

Para tener una vida con pasión debes pasar más tiempo haciendo cosas que realmente te apasionan.

¡No creo que gane ningún Premio Nobel por este descubrimiento!

Cuando me encuentro con personas que me dicen que no son felices, les pido el siguiente ejercicio:

1. **Pon en un listado todas las cosas que te hagan feliz. Por ejemplo: bailar, ir al cine, viajar, comer en buenos sitios, escapadas de fines de semana, jugar con tus hijos, ir a la naturaleza, correr, disfrutar de atardeceres, vinos en el anochecer, relaciones sexuales con pasión... Haz ese listado y llénalo de todo lo que se te ocurra. Tú eres el experto en tu vida.**

2. **Señala cuántas cosas de ese listado haces de forma semanal.**

¿Puedes ver por qué no te sientes así? Por norma general, si no pasamos tiempo haciendo cosas que nos hacen felices, ser feliz será más difícil, ¿no crees?

Puedes hacer este ejercicio cambiando felicidad por otra emoción parecida. En la sección de emociones vemos con más detalles cómo cambiar la forma de sentirnos.

Cubrir nuestras necesidades

Si pudiera simplificar todo a dos cosas, **te diría que todo lo que hacemos es un vehículo para cambiar nuestra forma de sentirnos y/o cubrir una de las necesidades básicas** que tenemos como seres humanos.

Abraham Maslow fue una de las primeras personas en presentar la jerarquía de necesidades del ser humano. Tony Robbins partió de este concepto para crear su modelo de trabajo. Las seis necesidades de Tony Robbins son tan usadas en el mundo de desarrollo personal que no hace falta que cree otro modelo. Es necesario que te familiarices con ellas y las empieces a dominar. Este conocimiento es esencial y es la clave en la respuesta a muchas preguntas.

Nuestros comportamientos, decisiones, incluso nuestros problemas, buscan satisfacer estas necesidades. **Cada persona tiene dos necesidades básicas que busca satisfacer con más regularidad.** Estas necesidades pueden cambiar a lo largo de nuestra vida, pero mi experiencia me dice que el cambio viene porque hay algún evento en tu vida que te *hace cambiarlas*: la muerte de un ser querido, la pérdida de una relación, replantearte quién eres después de un proceso de depresión, pérdida de un trabajo...

Voy a compartir en detalle estas necesidades. Presta atención, porque lo más seguro es que este concepto salga en muchas de las preguntas.

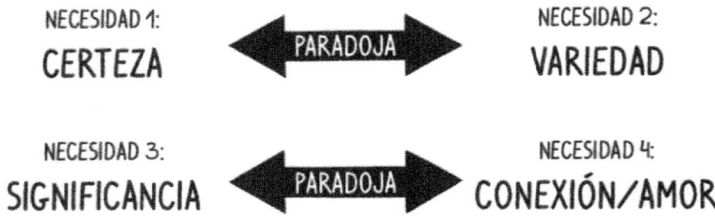

LAS CUATRO NECESIDADES DE LA PERSONALIDAD

NECESIDAD 1:
CERTEZA ← PARADOJA → NECESIDAD 2:
VARIEDAD

NECESIDAD 3:
SIGNIFICANCIA ← PARADOJA → NECESIDAD 4:
CONEXIÓN/AMOR

LAS DOS NECESIDADES DEL ESPÍRITU

NECESIDAD 5:
CRECIMIENTO

NECESIDAD 6:
CONTRIBUCIÓN

Tenemos cuatro necesidades básicas –certeza, variedad, conexión/amor y significancia– que son necesidades de la personalidad. Esto significa que todas las personas precisan satisfacer en cierto grado estas cuatro necesidades. Además, hay dos necesidades que son de más alto orden: crecimiento y contribución. Estas dos últimas son esenciales y están ligadas a la relación personal.

Podemos medir del uno al diez los diferentes grados de satisfacción de cada necesidad. Para sentirnos bien debemos tener las necesidades cubiertas por encima del ocho. Cuando encontramos una actividad que cubre al menos tres necesidades por encima del ocho, vamos a sentirnos adictos a dicha actividad.

Este capítulo es más largo de lo habitual, pero quiero explicarte las necesidades y no solamente decirte cuáles son.

Necesidad por certeza

Todo ser humano tiene una necesidad por certeza, seguridad, saber lo que va a pasar con su vida. Esta es la primera necesidad del ser humano, y muy relacionada con la supervivencia. ¡Tenemos que saber qué va a pasar!

Esta primera necesidad se manifiesta en muchos aspectos de nuestra vida. Por ejemplo, la necesidad de saber que tendremos un techo, que vamos a poder comer, que vamos a poder llegar a final de mes. Esta necesidad de certeza también impacta en nuestras relaciones. Queremos saber que tenemos un grupo de amigos o familiares que están ahí para nosotros, que no nos van a abandonar, que podemos contar con ellos, que son consistentes en su forma de actuar y no cambian de la noche a la mañana. En años siguientes esa certeza la buscamos en nuestra pareja. Sentirnos seguros de que no nos va a dejar, que es la persona para toda la vida…

La certeza está presente en nuestra carrera profesional. Queremos un trabajo estable en el que sepamos las horas que vamos a trabajar, el salario que vamos a recibir a final del mes.

Todo ser humano tiene en cierta medida esta necesidad de certeza. **Lo que nos diferencia a unos de otros es la cantidad que necesitamos y cómo conseguimos esa sensación de seguridad.**

¿Cómo la satisfacemos?

Todas las necesidades las vamos a satisfacer de forma positiva o de forma destructiva.

Algunas maneras de satisfacer nuestra necesidad de certeza son las siguientes: evitar asumir riesgos, tener un plan B, disponer de un trabajo estable, llevar una rutina, a través de la religión o la espiritualidad, confiar en la ciencia, confiar en nosotros mismos, estudiar, ahorrar dinero, evitar relaciones inestables, querer tener todo bajo control, contratar seguros, planificar, consultar el tarot, meditar... También, buscar problemas, fumar, comer en exceso, o a través de otras adicciones.

La certeza se manifiesta en nuestro día a día. Por eso tenemos nuestros restaurantes favoritos, pedimos lo de siempre, usamos el mismo tipo de ropa, el mismo peinado, vamos a los mismos sitios de vacaciones...

Buscar cierto grado de certeza no tiene nada de malo. El problema es que **cuando la necesidad de tener certeza es la que gobierna nuestra vida, nuestra vida se hace predecible y aburrida**.

¿Qué pasa cuando nuestra vida se convierte en algo totalmente predecible? Lo más normal es que nos aburramos y nos veamos con la necesidad de hacer algo que traiga un poco de variedad.

Necesidad por variedad / incertidumbre

Una vida donde cada día sé al cien por cien, qué va a pasar se convierte en una vida aburrida. Además, vas a experimentar una sensación de que hay algo que falta y no sabes el qué.

En la famosa película de Bill Murray *"El día de la marmota"*, donde el personaje se despierta todos los días en el mismo día y sabe todo lo que va a pasar, ¿recuerdas la cara de aburrimiento del actor?

> *Para contrarrestar ese aburrimiento, esa apatía general, tenemos una necesidad por variedad e incertidumbre. La chispa de la vida.*

Pero nos encontramos ante un dilema, puesto que más variedad implica menos certeza, y viceversa.

¿Cómo la satisfacemos?

Nuevas actividades, empezar nuevos hobbies, probar diferentes comidas, viajar a sitios nuevos, conocer nuevas personas, tener aventuras ajenas a la relación sentimental, discutir, drogas, deportes de riesgo, ir de compras...

Es importante destacar que una misma acción puede cubrir diferentes necesidades a diferentes personas. Por ejemplo, viajar no implica que la persona que viaje esté motivada por variedad. La persona que tiene una gran necesidad por certeza también la puede satisfacer viajando, pero lo hará de una forma muy diferente: reservará el hotel con antelación, se leerá las guías turísticas, tendrá organizadas las visitas con antelación... La persona que viaje para cubrir su necesidad de incertidumbre puede que planifique lo mínimo o nada, que se deje llevar y se adapte según vea.

Una vez comprendidas estas necesidades es fácil observar cómo las personas van cubriendo esas necesidades. Además, puedes observar quiénes tienen una necesidad mayor de certeza o de incertidumbre.

Lo más curioso es observar el momento en que una persona con gran necesidad por certeza y otra persona que necesita más variedad se conocen y entran en una relación sentimental. ¡Es muy común! El problema es que si no son conscientes de estos conceptos y no saben satisfacer o al menos comprender las necesidades de su pareja, la relación tiene muchas papeletas para acabar rompiéndose o apagándose la pasión.

Si queremos tener resultados diferentes en nuestra vida, si queremos sentirnos **más plenos, más llenos, más vivos, tenemos que aumentar nuestra dosis de tolerancia a la incertidumbre.**

Necesidad por significancia / importancia

Otra necesidad básica es la de sentirnos importantes, especiales y/o únicos. Para sentirnos únicos y especiales necesitamos en cierta forma ser o comportarnos de forma diferente al resto de las personas, al menos en algún aspecto. Esto implica que para satisfacer esta necesidad tendremos que enfocarnos en nosotros mismos. Es la necesidad del EGO.

¿Cómo la satisfacemos?

Algunas maneras son las siguientes: dar nuestra opinión, usar determinadas marcas, hacerte el héroe, presentarte voluntario, pertenecer a una tribu urbana, lograr objetivos ambiciosos, resolver desafíos complejos, tener un puesto de responsabilidad, a través de la religión, a través de la violencia, a través de la lástima o la culpa, destacarnos como personas en algún aspecto, llevar la opinión contraria a lo que tú dices, retar a la gente...

Todos necesitamos sentirnos importantes y únicos en cierto grado. Pero **cuanto más únicos nos sentimos, más solos nos encontramos.** Es por eso que necesitamos conexión con otras personas. Es aquí donde surge la siguiente necesidad: conexión y amor.

Necesidad por conexión / amor

La cuarta necesidad es la de conexión y de amor. Dependiendo del vínculo que tengamos con otra persona, podemos satisfacer la necesidad de conexión o de amor. Con un amigo podemos tener conexión y con nuestra pareja, amor. Sin embargo, la mayoría de las personas se conforman con conexión incluso en las relaciones de pareja, dado que para satisfacer la necesidad de amor debemos abrirnos completamente al otro. Esto último hay muchas personas que no se lo permiten, porque implica un alto riesgo de incertidumbre y vulnerabilidad.

La necesidad de conexión y amor también crea un dilema con la necesidad de importancia. Para sentirnos importantes, únicos y especiales debemos enfocarnos en nosotros mismos, pero para satisfacer la necesidad de conexión y amor debemos enfocarnos en el otro. Este dilema hace que cada persona busque el balance que le resulta más adecuado.

¿Cómo la satisfacemos?

Algunas maneras pueden ser las siguientes: a través de una pareja, con la familia, con los amigos, tener mascotas, dar a otras personas, a través del sexo o tener grandes problemas para buscar la compasión de otras personas.

Necesidad por crecimiento

Todos necesitamos crecer en algún aspecto. Aquello que no crece, decrece, y tarde o temprano muere. Nada está en reposo. Es el proceso natural de la vida. Durante un tiempo podemos estar bien sin crecer, pero tarde o temprano vamos a buscar un cambio que nos lleve a algo mejor.

Esta necesidad va a entrar en conflicto con la necesidad de certeza, dado que **para crecer muchas veces debemos dejar de lado la certeza y realizar algún cambio**. Qué tan grande sea el cambio que hagamos va a depender de qué tanta certeza necesitemos vs. qué tanta variedad y crecimiento.

¿Cómo satisfacemos la necesidad?

Algunas maneras pueden ser: desafiarnos con objetivos ambiciosos, ser curiosos, estudiar y aprender, a través de nuestro trabajo, conocer nuevas personas, con ayuda de un coach, mentor o terapeuta. ¡Haciendo los ejercicios de este libro!

Necesidad por contribución

La sensación más poderosa es la sensación de contribución. Ser de utilidad, ser de ayuda. Leyendo unas estadísticas del mercado americano sobre cuál es la razón número uno por la que la gente dejaba el trabajo y buscaba otro, más del 90 por ciento de los encargados pensaban que era por temas económicos, cuando la razón principal era no sentirse suficientemente valorados ni sentir que crecen.

Contribuir y ayudar es una de las sensaciones que buscamos. Si observas las sociedades tribales, los ancianos son los que se encargan de transmitir conocimiento y sabiduría. De ayudar al resto de las personas.

¿Cómo satisfacemos la necesidad?

Algunas maneras son las siguientes: dar nuestra opinión, ayudar económicamente a personas necesitadas, a través de un trabajo en el que sienta que pueda contribuir, tener una pareja o familia, colaborar con mis amigos, dedicar tiempo a una causa justa, ayudar a una ONG, ser un héroe...

La manera en la que satisfacemos una necesidad puede ser constructiva o destructiva. Por ejemplo, esto queda en evidencia en la necesidad de conexión y amor. Una persona con una alta necesidad de amor podría satisfacerla de manera constructiva a través de una relación de pareja. Sin embargo, algunas personas pueden tener miedo de comprometerse totalmente con una pareja y por lo tanto pueden optar por otras maneras de satisfacer la necesidad.

Como alternativa podrán optar por tener relaciones ocasionales, más superficiales o, en el caso más destructivo, sentirse víctimas o desarrollar un problema para que a través de la lástima puedan tener el afecto y la compasión de otras personas. Esto puede ocurrirnos sin que nos demos cuenta de ello.

La mayoría de nuestros comportamientos, incluso los destructivos, tienen como intención satisfacer alguna de nuestras necesidades.

Libera al REO

Analizando necesidades. **Escribe las respuestas en tu cuaderno y observa lo que escribes.** Evita la respuesta de NO lo sé, NO sé o similares.

1. Observa por varios minutos el mantra: "Sé lo que quiero, merezco lo que quiero, consigo lo que quiero". Escribe lo que tu mente te dice.

2. Haz el ejercicio de la felicidad explicado en este capítulo. ¿Has encontrado por qué quizás no te sientas como te gustaría?

3. ¿De verdad no sabes lo que quieres? Elige un área de tu vida (relaciones, trabajo....) ¿Estás viviendo tu sueño en esa área? ¿Por qué no? ¿Cómo sería tu sueño?

4. De las seis necesidades del ser humano, ¿cuáles crees que son tus dos necesidades principales? ¿Por qué?

5. Escribe las seis necesidades en un papel. Haz un listado de las formas que estás utilizando para cubrirlas y pon un número del 1 al 10 para ver el grado de satisfacción. ¿Qué necesidad debes cubrir más en tu vida?

6. Piensa en tu trabajo actual. Pon un número del 1 a 10 al nivel en que tu trabajo actual está cubriendo las seis necesidades.

7. ¿Qué crees que le falta a tu vida? ¿Por qué lo crees?

Antes de pasar a la siguiente pregunta, ojea otra vez este capítulo y haz en tu cuaderno las anotaciones que creas convenientes.

8. ¿Cuál es mi misión en la vida?

 Nota: Te recomiendo que leas antes la respuesta a la pregunta 7.

Muchas personas en algún momento nos hemos hecho la pregunta de qué hacer con nuestra vida.

Normalmente se lo suele preguntar la gente que no está contenta con su carrera profesional o con su vida personal. Hay una sensación de que algo falta. No tienen por qué estar totalmente a disgusto en esa situación, pero algo falta y no sabemos qué es.

Vamos en búsqueda de ese sentido a la vida, en búsqueda de esa pasión.

Estamos en búsqueda de ese algo que nos falta, y vamos como príncipes de la Cenicienta buscando ese pie que encaje en el zapato.

Durante varios años, en la nevera de mi casa había un mensaje en grande:

"La vida no trata de encontrarse uno a sí mismo, sino de crearse a uno mismo"

(George Bernard Shaw, 1856-1950)

Quiero que vuelvas a leer la cita anterior y que pienses si tiene sentido para ti. ¡Hazlo!

¿Y si la vida no tiene sentido? ¿Y si en la vida tú creas lo que realmente quieres? ¿Y si la vida es un regalo y cada uno lo disfruta como quiere?

Puede que la vida no sea en singular

Quiero eliminar el concepto de la búsqueda del sentido, la misión o la pasión en singular, puesto que, como hemos aprendido en la pregunta 7, hay mucha gente cuya necesidad principal en la vida es la variedad. Para esas personas será muy raro que encuentren LA misión o LA pasión. Seguramente encuentren LAS pasiones.

Después de trabajar individualmente con cientos de personas, he podido observar un patrón muy común. Aquellas personas que tienen incertidumbre y crecimiento entre sus necesidades más elevadas suelen llegar a la errónea conclusión de que no tienen pasión. ¡No es cierto! Es que sus pasiones son muchas y variadas, y simplemente con el hecho de pensar que su vida tenga que estar dedicada a una sola cosa les entra alergia. Si esto te pasa a ti, deja de buscar LA pasión y no tengas vergüenza si te gusta la variedad.

Deja de buscar tu misión en la vida, porque puede que te pase como al madrileño ejecutivo.

El madrileño ejecutivo

Un alto ejecutivo de Madrid estaba en el muelle de un pequeño pueblo costero andaluz cuando llegó una barquita con un solo pescador. Dentro del bote había varios pescados de buen tamaño.

El madrileño, sorprendido por la calidad del pescado, le preguntó:

– ¿Cuánto tiempo le tomó pescarlos?

El andaluz respondió:

– En muy poco tiempo, cuestión de minutos.

El ejecutivo madrileño, asombrado de nuevo, le preguntó:

– ¿Por qué no permaneces más tiempo y sacas más pescado?

El andaluz respondió con una sonrisa:

– Tengo lo suficiente para satisfacer las necesidades inmediatas de mi familia.

– Pero, ¿qué haces con el resto de tu tiempo?, volvió a preguntar el ejecutivo.

El pescador andaluz le contestó:

– Duermo hasta tarde. Pesco un poco. Juego con mis hijos. Me echo una siesta. Como con mi familia. Voy más tarde al pueblo, donde tomo algo de vino y toco la guitarra con mis amigos y mi mujer, con quien hago el amor todas las noches. Como ves, tengo una gran vida.

El madrileño replicó:

– Mira, yo soy un alto ejecutivo MBA de Harvard y podría ayudarte. Deja que te explique. Deberías gastar más tiempo en la pesca. Con los ingresos, comprar un bote más grande. Con los ingresos del bote más grande podrías comprar varios botes. Eventualmente tendrías una flota de botes pesqueros. En vez de vender el pescado a un intermediario, lo podrías hacer directamente a un procesador. Más tarde, abrir tu propia procesadora. Deberías controlar la producción, el procesamiento y la distribución. Deberías salir de este pueblo e irte a Madrid, donde manejarías tu empresa en expansión.

El pescador andaluz preguntó:

– Pero, ¿cuánto tiempo tardaría en hacer todo eso?

– Pues entre quince y veinte años, respondió el ejecutivo.

E insistió el andaluz:

– ¿Y luego qué?

El ejecutivo, con los ojos llenos de pasión, dijo que esa era la mejor parte.

– Cuando llegue la hora deberías vender las acciones de tu empresa. Te volverás rico, tendrás millones.

Poco convencido, el andaluz volvió a contestar:

– ¿Millones? ¿Y luego qué?

Dijo el madrileño:

– Luego te puedes retirar e irte a un pueblito en la costa donde puedes dormir hasta tarde, pescar un poco, jugar con tus hijos, comer con tu familia, ir por las noches al pueblo a tomar vino y tocar la guitarra con tus amigos y poder dedicarte a tu mujer.

Cuidado, que puede que tu misión esté más cerca de ti.

IKIGAI

En Japón hay un término denominado IKIGAI que hace referencia a nuestra razón de vivir, aquello que da significado a nuestra vida. Algo por lo que **merece la pena vivir** y nos hace estar plenamente satisfechos y felices con la dirección que tomamos en nuestras vidas.

Esta ilustración te va a dejar un mapa para que de verdad encuentres lo que estás buscando.

Este concepto me fascina, puesto que de una forma gráfica muy simple somos capaces de organizar nuestra vida. Pasión, misión, profesión ideal, vocación van a venir como resultado de nuestro análisis interior.

¿Estás preparado para encontrar tu IKIGAI?

Si estuviéramos cara a cara trabajando sobre la búsqueda de tu IKIGAI te haría una serie de preguntas. Principalmente te pediría que te centraras en lo siguiente.

IKIGAI: "TU RAZÓN DE SER"

Tu pasado

Echar la vista hacia tu pasado es bueno para darle perspectiva. Te dejo una serie de preguntas que puedes responder en papel.

¿Por qué escogiste los estudios que escogiste? Si no seguiste tus estudios, ¿por qué dejaste de estudiar?

Cuando encontraste tu primer trabajo, ¿por qué seleccionaste ese? ¿Qué te hizo cambiar de trabajos? ¿Cuáles han sido los motivadores para seleccionar los trabajos que hiciste? ¿Qué te ha gustado de todos tus trabajos? ¿Qué es lo que menos te gustaba? ¿En qué crees que eres bueno? ¿En qué crees que no eres tan bueno? Cuándo la gente te pide ayuda o consejos, ¿sobre qué son?

Tu futuro

Quizá sea el momento de actualizarte por completo. Uno no sabe lo que no sabe. Es el momento de explorar. En este caso no te preguntaría mucho, te invitaría a que te dieras un regalo a ti mismo. El regalo de pasar los próximos meses haciendo cosas que nunca has hecho, probar cosas diferentes y experimentar más en tu vida.

Haz cosas nuevas, experimenta aquello que te apetece, incluso aquello que no te apetece pero nunca has hecho. Abre tus ojos a nuevas oportunidades. **Yo encontré mi pasión por el coaching en un seminario de… iventa de pisos!**

Pero no hace falta ir al Tíbet

Aunque este capítulo es de una gran importancia, verás que tiene menos teoría que el resto. ¿Por qué?

Porque ya está bien de leer libros donde el protagonista se va al Tíbet y descubre el secreto. Está bien ya de leer otra vez *"El Alquimista"* de Paulo Coelho.

Esos libros están muy bien, te los recomiendo si quieres inspirarte. Pero **para encontrar la respuesta, querido amigo, te cuento el secreto: tienes que mirar a tu interior.**

Hola, San Pedro

Si llegado a este punto sigues con tu canción favorita de *"no sé lo que quiero"*, *"estoy perdido"* o temas parecidos. Te dejo una última pregunta que quiero que escribas, que medites, y que respondas dejando atrás cualquier duda. Hazte la siguiente pregunta:

¿De qué me arrepentiría si me dijeran que me quedan tres meses de vida?

Sé sincero contigo mismo. Porque lo peor de todo es que vivimos la vida como si fuésemos inmortales y no apreciamos este maravilloso regalo llamado vida. Nadie te puede asegurar que estos no sean tus últimos tres meses.

Vive la vida de tal manera que cuando veas a San Pedro, le puedas dar la mano y decir: lo di todo.

Libera al REO

Comienza tu viaje interior. *Ponte cómodo y escribe las respuestas en tu cuaderno. Observa lo que escribes.*

1. Si tuvieras la semana libre y estuvieras totalmente descansado, ¿cómo pasarías esa semana? Describe tu semana ideal.

2. Si pudieras dedicarte a lo que quisieras, sin problemas de dinero o de formación, ¿qué harías? Describe tu trabajo ideal.

3. Mirando en tu interior, anota en el cuaderno tantas cosas como te vengan a la cabeza.

   a. ¿En qué gastas el dinero una vez cubiertas las primeras necesidades de comida, renta...?

   b. ¿De qué tema tratan los últimos libros que has leído?

   c. ¿Qué sueles ver en televisión? ¿Qué tipo de programas te atraen?

   d. ¿En qué habilidades consideras que eres bueno?

   e. ¿En qué habilidades considera la gente que eres bueno?

   f. ¿De qué tienes suficientes conocimientos?

   g. ¿Qué problemas eres bueno solucionando?

4. Observa la figura del IKIGAI y ordena tus respuestas acordes a ella.

Comprométete durante varios meses a hacer cosas que nunca has hecho antes. Cuando salga un plan apúntate a él.

Quizás no sea eso lo que buscas, pero puede hacerte ver lo que realmente quieres.

Vive y experimenta. ¿Cómo vas a encontrar la misión de tu vida si no vives tu vida?

Antes de pasar a la siguiente pregunta, ojea otra vez este capítulo y haz en tu cuaderno las anotaciones que creas convenientes.

9. ¿Qué pasa si no puedo dedicarme a lo que quiero?

T e recomiendo que leas antes la respuesta anterior y sobre todo que hagas la sección de *Liberar al REO* para encontrar los primeros pasos. Si no has hecho el ejercicio, deja de leer y ponte con él.

Muchas personas que están en búsqueda de esa misión, pasión, propósito, si son sinceras consigo mismas ya saben lo que es. Al hacer el ejercicio propuesto anteriormente habrás podido observar que tienes un cierto patrón. En esos casos el problema que se encuentra la gente es no saber cómo poder dedicarse a ello.

¿Quién te ha dicho que tienes que vivir de tu pasión?

Vivir o no de tu pasión es una opción personal tuya. Ya sea como hobby o como profesión, lo que es importante es que pases tiempo en esas actividades que realmente te llenan. No hay mucho misterio.

— Fernando, no sé qué me pasa, me encuentro vacío.

— ¿Te gusta tu trabajo?

— No, nada. Simplemente paga las facturas a fin de mes.

— ¿Cuánto tiempo pasas en el trabajo?

– Demasiado tiempo.

– No más preguntas, señoría.

Si más de dos tercios de nuestro tiempo nos lo pasamos en el trabajo y este no nos llena, lo que hacemos en el otro tercio de nuestro tiempo tiene que compensar con creces. Por lo tanto, debes tener una vida extralaboral muy plena para compensar.

Si conviertes tu trabajo en tu pasión, por lo menos durante parte de esos dos tercios estarás haciendo cosas que te llenen. Digo parte, puesto que, aun trabajando de tu pasión tendrás que hacer cosas que realmente no te llenen pero que serán necesarias.

No puedo vivir de mi(s) pasión(es): ¿qué hago?

Como digo, nadie te dice que tienes que vivir de tus pasiones. Para eso tienes el tiempo libre. Puedes hacer voluntariados de fines de semanas, puedes viajar en tus vacaciones e intentar combinar todo con tus obligaciones familiares.

Si no quieres dedicarte a tu pasión y lo ves como un hobby, me parece perfecto. Sin embargo, si no das el salto porque crees que no puedes, entonces te recomiendo lo siguiente:

1. Sé creativo

Recuerdo que hace unos años tuve una charla con un conocido que defendía que no podía vivir de su pasión. Que no todo el mundo podía dedicarse a lo que realmente le gustaba, que era una utopía, y para ello me ponía su ejemplo. Su sueño era el fútbol, ser futbolista profesional.

David estaba bien pasada la treintena. Estaba claro cuál era su pasión: era un enamorado del fútbol. Se veía todos los partidos que te puedes imaginar. Solamente hablaba de deporte y de fútbol en general. Era lo único que, además de su familia, le daba vida. Su trabajo le aburría enormemente. Llevaba más de siete años en el mundo de la consultoría de negocios. Era realmente bueno en su trabajo, un experto en análisis de datos.

La conversación giró por esta dirección:

— ¿Quién te ha dicho que para dedicarte al fútbol tienes que ser futbolista?

— ¿A qué te refieres?

— ¿Tus cualidades de análisis de datos no serían de utilidad en algún club de fútbol? ¿No te dedicas a analizar datos y más datos y luego sacar estadísticas para que el negocio funcione? ¿Y si lo que analizas son futbolistas y pasas informes? ¿Me estás diciendo que tus habilidades no son buenas en el mundo del fútbol?

Algo cambió en la mirada de David. No estaba convencido, pero algo cambió dentro de él. Meses más tarde me envió un correo. Había creado un programa de análisis con otro amigo y un par de clubes de fútbol en Inglaterra estaban interesados en escucharles.

Puedes pensar que no es exactamente lo mismo. Que él quiere ser futbolista. Y puede que tengas razón. Pero, de verdad, ¿no crees que David va a sentirse más pleno analizando futbolistas en vez de optimizar terminales de aeropuertos como estaba haciendo?

La moraleja de este caso es que seas creativo, que hay muchas formas de entrar en la industria que tú quieres.

No todas las puertas tienen que ser la puerta grande. Puedes entrar y subir incluso por el ascensor de mercancías.

2. Sigue pensando

Recuerdo otro caso donde al igual que en el ejemplo anterior dudaba de esa pasión. "Fernando, mi única pasión es ver la televisión. Veo la televisión muchas horas al día".

¿Estoy sugiriendo que trabaje en la televisión? Bueno, podría ser una opción. Pero no es lo que estoy pensando. Hay veces que tenemos que indagar más, hacer una segunda derivada. ¿Cómo? Simplemente analizamos qué es lo que realmente estaba viendo en la televisión. Y resulta que la gran mayoría del tiempo lo pasaba viendo canales de cocina. Además, se dio cuenta de que lo que leía eran revistas de cocina, que los fines de semana invitaba a sus amigos a casa y todo giraba en torno a ella cocinando. Trabajaba de maestra de escuela, le gustaba enseñar. ¿No podría combinar tu pasión por la enseñanza y por la cocina?

La idea de convertirse en bloguera de cocina con su canal de YouTube apareció ante sus ojos. Ahora, el siguiente problema/excusa. "Ya, Fernando, pero es que hay mucha gente haciendo eso".

¿Acaso no hay muchos abogados? ¿No hay muchos licenciados en empresas? ¿No hay muchos restaurantes de hamburguesas? No intentes ser el único en la industria. Céntrate en aportar valor, conocer a tu cliente y que tus servicios asombren. Así entonces te convertirás en único.

3. Créalo

Quizás no exista un puesto de trabajo que encaje a la perfección con todo lo que te gusta. De hecho, lo más seguro es que no exista o que incluya muchas cosas que no te gusten. Bueno, en ese caso tú decides. ¿Quieres que sea un hobby o quieres que tu hobby sea tu pasión?

Mi caso, por si te ayuda

Como te contaba, mi misión está ligada a ayudar a personas. Por eso creé *Sin Vergüenza De Mí*, para poder ayudar a la gente a tener una vida por diseño y no por el defecto de la mente inconsciente.

Pero antes de dedicarme al mundo del desarrollo personal me dedicaba a la valoración de negocios. Durante semanas me encerraba en las oficinas de gigantes empresariales y me dedicaba a analizar el negocio para que los presidentes de la compañía tuvieran un valor y poder negociar la venta o compra de empresas. Aunque me parecía un trabajo interesante, puesto que cada tres semanas hacía una empresa diferente (mucha variedad en el trabajo), llevaba haciéndolo durante más de diez años. Por lo tanto, era bueno en él (mucha certeza en lo que hacía), tenía un gran cariño por parte del equipo (mucha conexión), pero mi contribución y mi crecimiento estaban casi al cero. Dentro de mí había un sentimiento de vacío, como si mi trabajo no tuviera significado.

Con el descubrimiento del desarrollo personal se me abrió una puerta a un nuevo mundo. Pero antes de dar el primer paso me entraron un millón de dudas:

¿Debería explorar el mundo del desarrollo personal?

¿Podría dedicarme profesionalmente a ello?

¿Y qué pasaría con mi antigua carrera?

¿Iba a dejar todo lo que había construido con tanto tiempo y dinero invertido?

Había estudiado una carrera ligada a negocios, me había gastado casi 30.000 euros en formación adicional a mi carrera profesional. Más de diez años trabajando en la industria de consultoría de negocios. Mi familia tenía expectativas de que siguiera en esa carrera y tener un gran puesto en una gran empresa.

Entre ese mar de dudas, me senté conmigo mismo.

Me puse a ver qué es lo que me apasionaba realmente de mi carrera de entonces. Me di cuenta de que lo que se repetía una y otra vez era la mentoría de equipos, dar cursos de formación, motivar a mi equipo para cumplir resultados...

Con un acto de fe y con la creencia de *si hay alguien que vive de ello yo también podré,* me lancé al mundo de desarrollo personal. Paso a paso, aprendiendo de quien estaba más avanzado que yo, rodeándome de mentores...

De esta forma fue como decidí crear un negocio en paralelo y así estuve varios años. Pasado el tiempo, encontré una empresa donde podría trabajar en exclusiva como coach, así que me uní a Tony Robbins, formé parte de su equipo de coaches y dejé mi puesto de consultor de negocios.

Tiempo después dejé el trabajo con Tony para centrarme en mi proyecto personal *Sin Vergüenza De Mí.*

No tienes por qué pasar de pasión a profesión de la noche a la mañana. Todo depende de tus necesidades y de tu necesidad por certeza.

Libera al REO

Siempre hay una forma. ***Escribe las respuestas en tu cuaderno y observa lo que escribes.***

1. **Piensa en las cosas que te apasionan. Haz un listado. ¿Tienes algún plan para poder llevarlas a cabo durante tu jornada semanal? Dedícale cinco minutos.**

2. **¿Tienes un plan al menos para que esa pasión sea un hobby que haces con regularidad?**

3. **¿Has pensando cómo podrías dedicarte a esa pasión? Dedícale cinco minutos.**

4. **¿Conoces a alguien que viva bien dedicándose a tu pasión?**

5. **Si ellos pueden, ¿qué crees que pensaron cuando empezaron su aventura?**

Antes de pasar a la siguiente pregunta, ojea otra vez este capítulo y haz en tu cuaderno las anotaciones que creas convenientes.

10. ¿Debo emprender?

¿Emprender o no emprender? Esa es la cuestión

Esta es una decisión que no debe ser tomada a la ligera. ¿Por qué? Porque emprender es casi como tener hijos. La primera parte del proceso, la procreación, en la mayoría de las veces es placentera. La siguiente etapa, dar a luz, puede ser traumática o puede ser una gran experiencia. Ahora bien, después viene lo serio. Educar a tus hijos es largo, es laborioso. Te va a requerir más energía, más tiempo y más dinero de lo que has pensado. Por lo tanto, tienes que estar muy concienciado.

Pongo esta comparación porque hay dos patrones que veo con frecuencia. Parejas que no tienen la mejor relación posible deciden tener hijos como una forma de intentar resolver sus problemas de pareja. Y personas que no se encuentran en su mejor momento y deciden emprender como forma de encontrarse. Emprender y tener (criar) hijos van a requerir que estés en tus mejores condiciones. No son decisiones para tomar a la ligera.

La verdad es que vivimos en el siglo en el que emprender nunca ha sido más fácil. Hay numerosos modelos de emprendimiento que te permiten poner un negocio en marcha sin tener que hacer grandes inversiones de dinero. Hay incluso modelos que no requieren invertir casi nada de dinero, ni siquiera crear ningún producto.

Tengo clientes que se dedican de forma muy exitosa a vender productos por Amazon. Ellos *no tienen* que preocuparse más que por encontrar el producto, promocionarlo, y Amazon se encarga del resto. Otros clientes prefieren ser ellos los que tienen el producto en sus almacenes y así no pagan comisiones a Amazon.

Tengo clientes que se dedican a vender sus servicios de consultoría, coaching, fotografía, yoga... Han hecho de su pasión su profesión.

Aun así todo lleva su riesgo. No todo el mundo tiene la misma mentalidad ni los mismos conocimientos para poner en marcha un negocio.

A pesar de que España es un país cuya economía depende de las pequeñas y medianas empresas, también es un país donde emprender es complejo, al menos en comparación con otros mercados que conozco bien como Estados Unidos o Australia. Las cargas burocráticas son altas y deberías acudir a un gestor antes de empezar.

Como digo, emprender es complejo y lleno de riesgos. Según el Instituto Nacional de Estadística de España, el 20 por ciento de las nuevas empresas cierran el primer año. Y durante los primeros cinco años, un 60 por ciento de ellas cierran. Eso no quiere decir que las del otro 40 por ciento sean un éxito, sino que sobreviven.

El arte de emprender

El emprendimiento es una mezcla entre ciencia y arte. He trabajado con muchos emprendedores y con muchos *quiero ser un emprendedor,* y la diferencia de mentalidad es abismal.

El *quiero ser un emprendedor* cree que emprender se basa en tener ideas, ser el primero en el mercado o tenerlo todo perfecto y lanzarse por todo lo alto. Se centra tanto en los detalles que se desfonda cuando realmente necesita estar fuerte.

El emprendimiento no trata de tener ideas, trata de ejecutarlas. Estoy seguro de que alguna vez has pensado alguna idea de negocio. Ha estado en tu cabeza durante un cierto tiempo y luego descubres que alguien ha lanzado esa idea. Repito, se trata de ejecutar ideas, no simplemente tenerlas.

Si resumimos *emprender* a su máxima expresión te diría que se basa en cuatro premisas:

1. **Encontrar un problema que haya en el mercado.**

2. **Desarrollar una solución para ese problema que tenga una ventaja respecto a otras soluciones.**

3. **Crear un modelo de negocio que sea rentable para dar respuesta al problema.**

4. **Dar a conocer ese modelo de negocio y hacerlo atractivo a la gente.**

¿Por qué NO deberías emprender?

Como digo, emprender es largo y laborioso. Si te metes en Internet verás que mucha gente te anima a emprender como si fuese la panacea. ¿La razón? Porque ellos viven de enseñarte a emprender. ¡Suelo desconfiar de aquellas personas que solamente tienen negocios basados en ayudarte a tener un negocio!

Entonces, ¿creo que emprender es buena idea? Sí, sin duda. Pero no lo es en todos los casos. Tienes que tener una gran razón detrás, además de estar dispuesto a seguir aprendiendo y creciendo. **Tu negocio solamente puede crecer en el mismo ritmo que tú lo hagas personalmente**.

Si una de estas razones es la que tienes para empezar a emprender, piénsatelo dos veces.

- **Porque quieres despedir a tu jefe.** Hay una cultura de despedir al jefe. Como no le aguantas, te pones a emprender. Si esa es tu razón, no emprendas. O por lo menos piensa primero cuántos jefes has tenido.

Si no aguantas a ninguno de tus jefes, yo miraría en mi interior. ¿No será que el problema lo hayas tenido tú y no tus jefes? Entiendo que siempre te puede tocar de responsable una persona con la que no estés nada alineada, una persona que no te guste nada. Pero bueno, de ahí a emprender hay un océano de distancia. Recuerda que te pagan para hacer cosas, no para tener amistades. Lo de llevarte bien es un extra.

Esta es otra desconfianza personal: no me fío, empresarialmente hablando, de la gente que promociona que despidas a tu jefe. Por el hecho de que en algún momento tú tendrás empleados. ¿Y si ellos te despiden a ti con tu misma lógica? Entonces, más que un negocio lo que te has creado es un trabajo.

- **Porque quiero ser mi propio jefe.** Todo el mundo puede ser jefe, pero no todo el mundo puede liderar un negocio. Ser tu propio jefe puede que no sea tan buena idea por varias razones. Una de ellas es porque muchas veces nosotros mismos somos nuestros peores enemigos. Nos llenamos de negatividad, de indecisiones, de dudas. Y con esa mentalidad, salir a liderar el negocio no es la mejor decisión.

Muchos de mis clientes me contratan justo por eso, porque al no tener jefe nadie les rinde cuentas. Nadie les dice que se dejen de excusas y que se pongan a avanzar. Nadie les cuestiona lo que están haciendo. Y se encuentran remando solos en el negocio. Cuando tú eres tu propio jefe, tus peores defectos se acentúan.

- **Porque quieres más tiempo para ti.** Es como decir que quieres tener un hijo para así tener más tiempo para ti. Emprender te va a quitar más tiempo que tu trabajo, te va a quitar más dinero, te va a quitar más energía y, como dije antes, todo ello para que haya una alta probabilidad de que cierres en menos de dos años. Cuando el negocio está empezando, olvida eso de que te va a dar más tiempo para ti.

Si vas a emprender, manzana y a correr

Aprende siempre de los mejores. Si hay una empresa que tiene mucho para enseñar, esa es Apple. Por lo menos en la época de Steve Jobs. Estas son unas cuantas lecciones que puedes aprender de ellos.

1. **Lo importante es lo importante.** Cuando veo algunos de mis clientes que se pasan horas y horas hablando de logos, tarjetas de visita, páginas web o incluso de nombres para la empresa, me acuerdo de Steve.

   ¿Qué nombre debemos ponerle? Tiene que ser un nombre revolucionario, algo que innove, algo que refleje nuestra visión y marca de empresa. ¿Qué opinas, Steve? Manzana - Apple.

   No digo que los detalles no sean importantes. Steve era superdetallista, pero tu energía debe estar siempre en lo primero. Aportar valor al problema que estás solucionando.

2. **Vende primero, preocúpate después.** Steve se atrevió con un primer prototipo. No sabía si funcionaría. No sabía ni cómo construir uno. Pero eso no le impidió acercarse a Paul Terrell y conseguir su primera venta de Apple I Computer por cincuenta unidades. Una vez hecha la venta, se puso a construir el Apple I.

3. **No tienes que ser primero ni original.** Ninguno de los productos de Apple ha sido inventando por ellos. Los primeros iPods, iPads, iPhones, iWatchs... todo ya estaba antes que ellos. Simplemente pensaron cómo ir más allá.

4. **El mercado te ayudará.** Durante un año los mejores ingenieros del mundo trabajan en las oficinas de Apple para lanzar el mejor producto. Jornadas larguísimas, días sin dormir, los productos pasan todas las pruebas del mundo. Un día después –¡UN DÍA DESPUÉS!– de salir al mercado, los usuarios empiezan a encontrar defectos, fallos de seguridad... El equipo de Apple soluciona esos problemas, a los que la compañía llama ACTUALIZACIONES.

5. **La perfección es el enemigo de lo bueno.** Los productos se lanzan cuando están listos, porque saben que hasta que no se lanzan, hasta que no se reciben las opiniones y críticas del público, no pueden de verdad tener el producto perfecto.

6. **Marketing y ventas tienen que ser tu especialidad.** Da igual a lo que te dediques. Si hay dos habilidades en las que debes centrarte, estas son el marketing y las ventas. Hay millones y millones de productos que son revolucionarios y realmente buenos que nunca usarás. Nunca sabrás de ellos, porque sus dueños pensaron que emprender es simplemente crear un gran producto. Apple invierte cada año millones y millones de dólares en publicidad, independientemente de que sea la marca más popular del mundo. Justo por eso lo es.

Libera al REO

¿Emprender o no Emprender? Buena pregunta, querido amigo. **Escribe las respuestas en tu cuaderno y observa lo que escribes.**

1. **¿Cuál es tu razón para emprender? Dedícale cinco minutos.**

2. **¿Conoces a alguien que esté emprendiendo con éxito? Ponte en contacto con esa persona y pídele una hora de su tiempo para que te dé su punto de vista. (Nota: No compres la opinión de esa persona sin más)**

3. **¿Dónde podrías aprender más de emprendimiento?**

Antes de pasar a la siguiente pregunta, ojea otra vez este capítulo y haz en tu cuaderno las anotaciones que creas convenientes.

11. Consecución de objetivos: hábitos, motivación, disciplina

Uno de los mayores mitos que veo a la hora de conseguir lo que te propones es el referente a los hábitos. Hay una leyenda urbana en la sociedad que dice que **si dedicas 21 días a una actividad, esta actividad se convierte en hábito** y desde ese momento todo es más fácil.

¿21 días? ¿De verdad? Te propongo que lo pruebes para ver si a ti te funciona. Porque no sé tú, pero yo he hecho cosas durante más de 21 días y no se han quedado como hábitos en mi vida. Este mito está tan metido en la cultura popular que lo puedes seguir leyendo en muchas revistas y libros. El mito se originó en los años 60 gracias a un cirujano, el Dr. Maxwell Maltz. En uno de sus libros hablaba sobre cómo 21 días era lo que tardaba una persona amputada en ajustarse a su nueva realidad. Y por lo tanto, presuponía que es lo que tardamos en ajustarnos a nuevas cosas en nuestra vida.

Mi experiencia trabajando con centenares de clientes me dice que para que un hábito sea un hábito tiene que pasar un periodo de seis meses a un año.

Es decir, los hábitos son vitales, son los ladrillos que crean la vida que queremos conseguir, pero para ello vamos a tener que manejar estas dos palabras: motivación y disciplina.

No puedo motivarte

Suelo recibir propuestas de empresas para que dé charlas de *motivación* a sus trabajadores.

¿Motivación? Esta es la verdad. Yo no puedo motivar a nadie. Nadie puede motivarte. Yo puedo animarte. Yo puedo mostrarte que la vida está en tus manos. Puedo mostrarte que la vida se forja a base de decisiones. Decisiones que se toman en días como hoy. Que una simple decisión puede cambiar tu vida para bien o para mal. Y que además ese para bien o para mal solamente lo sabrás pasado el tiempo, cuando eches la vista atrás. Si además los resultados no salen como esperas, siempre puedes seguir ajustando tus estrategias. Por lo tanto, solamente pierdes si te mantienes parado en un sitio donde no te sientes pleno.

Como digo, yo no puedo motivarte. Motivación significa la razón por la que tomas acción (motivo y acción). Por eso yo no puedo darte las razones para ir a trabajar a diario. Yo no puedo darte las razones por las cuales querer progresar en tu carrera. Yo solamente puedo mostrarte que es posible, que está en tus manos y que tú tienes la responsabilidad.

¿Cómo cultivamos motivación?

Cuando algún cliente me cuenta que ha perdido la motivación y que de nuestra sesión pretende recuperar motivación, automáticamente voy al mismo punto. El punto de partida:

"¿Para qué escogiste ese objetivo? ¿Por qué decidiste trabajar en esa empresa? ¿Por qué decidiste escoger esa carrera? ¿Por qué decidiste dar un "sí, quiero" a tu pareja? ¿Por qué querías perder peso? ¿Qué veías antes que ahora no ves?". Hasta que el cliente no me vende la idea, no sigo.

Es vital que hagamos esa reflexión cuando vemos que nos faltan fuerzas. **Mis dos preguntas favoritas son ¿POR QUÉ? y ¿PARA QUÉ?**

Si no tienes un ¿Por qué? o un ¿Para qué?, simplemente no salgas de casa. Cuando no tenemos un ¿Por qué? o un ¿Para qué?, simplemente estamos viviendo en un modo reactivo.

Es común entre mis clientes que cambien de objetivos al poco tiempo de comenzar a trabajar juntos. ¿Por qué? Porque se dan cuenta de que muchos de los objetivos que se marcan no nacen del corazón, no nacen del querer. **Nacen de un *tener que*. Nacen como respuesta a las expectativas que sus familiares, amigos o la sociedad en general tienen sobre ellos.**

¿Para qué lo quieres? Si la respuesta no me convence, si no te siento vibrar, si no siento esa determinación en tus ojos, esa hambre de tu alma, no significa que no puedas conseguirlo, sino que nos va a costar más llegar a él. Y seguramente la consecución de ese objetivo no te llene y el camino hacia la consecución tampoco lo disfrutes.

Pero la motivación no es suficiente. La motivación por sí sola no consigue llevarte a la meta final. Necesitas aplicar disciplina. La disciplina es una habilidad dentro de ti que se practica y se desarrolla. Mucha gente directamente me dice que no tiene disciplina. ¿Y qué? Tampoco naces con unos abdominales de revista, tampoco naces caminando, tampoco naces hablando.... Y aun así no te para. Esto no se trata de tener o no tener disciplina, se trata de cultivarla o no cultivarla.

¿Cómo cultivamos disciplina?

Mi primera recomendación es que la ligues a la motivación. Que cuando te plantees aquello que quieres conseguir en tu vida, haya suficientes motivos (motivación) para seguir adelante.

Después te voy a preguntar todo aquello que puede salir mal, porque te adelanto que van a haber días que vas a querer dejarlo. Van a haber días que vas a estar perdido, totalmente nublado, y vas a querer abandonarlo. Quiero que los visualices. Quiero que lo tengas presente. Y cuando me encuentro a personas hipermotivadas que no ven esos momentos, las traigo otra vez al momento presente.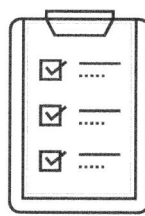

¿Cuál es el proceso? ¿Cómo podemos romper ese camino a largo plazo en pequeños pasos que sean atractivos? ¿Cómo podemos celebrar las pequeñas ganancias durante el camino?

Piensa en cualquier deportista de élite. Piensa en cualquier ganador de medalla de oro en su disciplina. No me importa en qué deporte. No importa en quién pienses, porque para llegar ahí tiene que haber motivación y tiene que haber disciplina. Actuar a pesar de nuestro estado de ánimo.

¿Crees que el atleta que se está preparando para los Juegos Olímpicos se levanta todos los días con ganas de entrenar? ¿Que cuando a las cinco de la mañana suena el despertador, se levanta todos los días con una sonrisa y, mirando el frío que hace fuera, le apetece dejar la cama caliente, ponerse las zapatillas y salir a entrenar durante varias horas? ¿Crees que le apetece, sabiendo además que puede no clasificarse, sabiendo que una lesión le tira su carrera a la basura, sabiendo que no solo va a depender de él o ella ganar la competición?

Cuando hacemos las cosas independientemente de cómo nos sentimos es cuando empezamos a tener libertad. Al hacer las cosas solo cuando nos apetece, estaremos sujetos a nuestros estados de ánimo.

El 1 por ciento es muy sexy

No necesitas cambios radicales, solo un pequeño paso hoy. Cuando a mis clientes les digo que me pagan para asegurarme que crecen un 1 por ciento diario y que aun así es muy difícil, me suelen mirar con cara de incredulidad. "¿Solo un 1 por ciento? Por eso no te voy a pagar, Fernando". ¡Sí me vas a pagar, y es por tu bien que lo hagas! Algunos segundos después, la mayoría piensa y se le ilumina la cara. ¡Eso es un 365 por ciento de crecimiento al año!

¡NO ES UN 365 POR CIENTO! ¿Os suena el concepto de capitalización de intereses? Les explico ese concepto financiero, es decir, cada día que vas creciendo vas acumulando ese 1 por ciento. Por lo tanto, si fueses capaz de crecer un 1 por ciento respecto a ayer y mantener ese 1 por ciento de crecimiento todos los días del año, ¡al final del año habrías crecido un 3.000 por ciento! ¿Es o no es sexy?

La motivación sin disciplina no te llevará muy lejos, pero la disciplina sin motivación te quemará durante el camino.

Libera al REO

¿Estás creando la disciplina de responder las preguntas de Liberar al Reo? *Escribe las respuestas en tu cuaderno y observa lo que escribes.*

1. ¿Cuáles son los rituales diarios que tienes instalados?

2. ¿Esos hábitos están ligados a objetivos concretos? ¿Sabes por qué o para qué los sigues haciendo?

3. Observa aquella área de tu vida que crees que va mejor. ¿Qué sueles hacer a diario para mantener esos resultados?

4. Observa aquella área de tu vida que no vaya tan bien. ¿Qué sueles hacer para que esté así? ¿Cuál es el hábito que deberías dejar?

Antes de pasar a la siguiente pregunta, ojea otra vez este capítulo y haz en tu cuaderno las anotaciones que creas convenientes.

12. Rendirme o seguir luchando. ¿Cuándo decir basta?

Posiblemente la frase más usada en los mensajes motivacionales es *no te rindas nunca*. Esta frase ha hecho más daño que bien a la gente. Lo veo muy a menudo, gente que sigue insistiendo en la consecución de objetivos sin importarles el precio y casi por pura cabezonería.

Cada vez que digo que ***rendirse no solamente está permitido sino que en muchos casos es necesario***, me encuentro con muchas opiniones diferentes.

Leerás que muchas recetas para el éxito son soñar en grande, consistencia y no rendirse nunca.

Teóricamente suena muy bonito, y podría comprarte esa idea, pero no te diría lo mismo si llegase a Marruecos.

Bienvenido a Marruecos

Un día decides que vas a emprender un viaje, una de las aventuras de tu vida. Para ello, tú y un amigo os embarcáis en un viaje en moto desde Barcelona a París. A la hora de comenzar el viaje, ves un cartel que pone "Bienvenido a la Comunidad de Andalucía". Lógicamente algo no ha ido bien, puesto que estás viajando en la dirección contraria. ¿Qué haces entonces?

Ante ese revés del camino, puedes seguir supermotivado, recordar por qué quieres llegar a París y seguir conduciendo por la misma carretera. Puedes leer *El libro del conductor de moto eficiente* y *¿Cómo conducir más dis-*

tancia sin cansarte?, Pero la realidad es que por mucha disciplina, por mucha motivación, como sigas haciendo lo que estás haciendo acabarás en un ferry cruzando a Marruecos.

Rendirse y darse cuenta de que la estrategia utilizada no está sirviendo es una de las claves para alcanzar el éxito en cualquier cosa que te encuentras.

Pero... ¿qué es rendirse?

Cuando hablo de rendirse no me refiero a que dejes una cosa por imposible y que te castigues por ello el resto de tu vida con resentimiento. **Rendirse es dejar de poner tensión cuando las cosas claramente no están funcionando**.

Ríndete en la estrategia para conseguir eso que quieres. Plantea si realmente es lo que quieres. Sé consciente del coste que te está suponiendo estar en esta persecución. Y si realmente quieres lo que estás buscando, cambia de estrategia. Pregunta a expertos que ya tengan eso que buscas. Súbete a los hombros del gigante y deja de hacer el mono.

Cazando monos

Viendo un documental sobre monos aprendí una cosa curiosa: los monos son rápidos y muy difíciles de capturar. Pero para ello los cazadores de monos utilizan al mono y su cabezonería por no rendirse.

Para ello ponen la fruta favorita del mono en un cesto atado a un árbol. El mono mete la mano para agarrar la fruta. Y aquí viene el problema. La apertura del cesto es tan pequeña que el mono no puede sacar la mano del cesto sin soltar la fruta primero. ¿Qué crees que hace el mono? Quedarse atrapado, pues no quiere soltar la fruta e intenta sacar la mano con su trofeo en mano.

Los cazadores se acercan con toda tranquilidad y atrapan al mono. Si el mono hubiese dejado ir la fruta, estaría sano y salvo.

¿Seguir peleando?

Ya desde el inicio, la pregunta te indica que hay algo que no está bien. ¿Luchar? ¿De verdad eso que quieres conseguir lo ves como una lucha? Por supuesto que va a llevarte trabajo. Por supuesto que vas a tener que tirar de motivación y disciplina para conseguir los grandes logros de tu vida. Pero, ¿luchar?

Si lo ves como una lucha, para mí es un síntoma de que algo no está funcionando bien. En concreto, iría a ver cómo de alineadas están tus mentes consciente e inconsciente.

Todo lleva su tiempo hasta para el tomate

¡¡Dios, dame paciencia, pero DÁMELA YA!!

La impaciencia es una mala consejera y está muy de moda en nuestra época actual de quiero-todo-para-ayer.

Nos hemos olvidado de que los seres humanos, durante miles y miles de años, éramos campesinos. Y esa es la mentalidad que debemos tener cuando queremos recoger nuestros frutos.

Imagínate que decides que quieres plantar tomates en tu bonito huerto. ¿Qué harías?

1. **Te asegurarías de que el terreno que tienes es propicio para sembrar tomates. Si no tienes el terreno adecuado, ¿para qué vas a seguir?**

2. **Una vez comprobado que es tierra para cultivar tomates, habrá una fase de preparación del terreno antes de ponerte a sembrar.**

3. **Una vez sembrado, todo lleva su tiempo. Si al día siguiente de sembrar miras a tu bonito huerto, ¡NO HABRÁ TOMATES! Da igual lo impaciente que seas, o si eres un campesino de la generación de los** *millennials*.

4. Pasado un tiempo prudencial, empezarás a ver los primeros síntomas de que todo está en orden y que en un futuro cercano habrá tomates. Si por el contrario pasado un tiempo prudencial ves que no hay señales, algo está pasando. Es muy importante conocer los tiempos para no sacar una conclusión errónea del avance de tus resultados. ¿Cómo lo haces? Si no tienes experiencia previa, pregunta a gente que ya haya plantado tomates antes.

5. Si todo sale según lo previsto, tendrás que estar preparado para recoger los tomates. No puedes desaparecer y volver al cabo de los meses a por ellos.

Pasos a seguir

Una reflexión final para este capítulo:

1. **Qué es lo que estás intentando conseguir.** ¿Cuál es el resultado último? ¿Por qué es tan importante para ti? ¿Qué es lo que estás plantando?

2. **Revisión de estrategia.** Esta estrategia que estás usando, ¿en qué te basaste para seguirla? ¿Cuál es el tiempo esperado? ¿Qué te dicen los granjeros más expertos? ¿Hay razón para ser negativos o simplemente te estás impacientando?

3. **Evaluar los siguientes pasos.** Recuerda, rendirse está más que permitido.

¿Y si es por amor?

Hay veces que recibo esta pregunta, pero enfocada a temas sentimentales. Te diría lo mismo, que analices por qué estás en esa situación. Te recomiendo que leas las preguntas de relaciones para darte otra perspectiva.

Las relaciones no son simples, pero eso no quiere decir que debas tener una sensación de pelea continua, de estar remando a contracorriente. Si te sientes así, es que muy probablemente estés remando a contracorriente. Por lo tanto, es mejor ser honesto contigo mismo y dejar ir.

Hay una gran diferencia entre mostrar interés por una persona e insistir hasta la saciedad. Si te ves luchando por una persona, comprueba que no sea un simple capricho o que sea un reto que quieres conseguir porque a tu EGO no le guste sentirse rechazado. Veremos esto en más detalle en la sección de relaciones.

Libera al REO

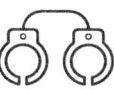

Momento de reflexión. *Escribe las respuestas en tu cuaderno y observa lo que escribes.*

1. ¿Qué es lo que realmente quieres? ¿Por qué lo quieres?

2. ¿Cuánto tiempo llevas *intentándolo*? ¿Has pedido consejo a otros *campesinos* expertos? Me refiero a gente que a día de hoy tiene esos mismos resultados que tú ansías. No vale la opinión de gente cercana a ti, que tú aprecias, pero que no tienen exactamente lo que tú estás buscando.

3. ¿Crees que estás usando la estrategia correcta? ¿En qué te has basado para responder la pregunta anterior?

4. ¿Qué creencias crees que debes adoptar?

5. ¿Qué crees que debes dejar de hacer? ¿Qué crees que deberías dejar de creer?

6. ¿Cuándo vas a saber que suficiente es suficiente?

Antes de pasar a la siguiente pregunta, ojea otra vez este capítulo y haz en tu cuaderno las anotaciones que creas convenientes.

13. No tengo tiempo para todo lo que quiero. ¿Cómo lo hago?

No hay nada más justo que el tiempo. Ricos y pobres, poderosos y oprimidos, gente productiva y gente menos productiva. El tiempo es el mismo para todos. 86.400 segundos al día, 24 horas, 7 días a la semana, 365 días al año. El tiempo te da las mismas oportunidades.

Vivimos en la sociedad del *no tener tiempo*. Solemos echar la culpa a la gestión del tiempo como uno de nuestros problemas. Pero como hemos visto en otras preguntas, lo que creemos que es un problema no suele ser un problema, sino un síntoma. En este caso, lo más seguro es que sea un síntoma de no saber priorizar, delegar o decir no.

Como digo, el tiempo es el mismo para todos. Hay gente productiva y hay gente que lo malgasta.

El tiempo no es como una mercancía que puedas manejar. Por mucho que quieras, el tiempo pasa. Si hoy decides que no te levantas de la cama, eso no significa que mañana tengas el doble de horas para usarlas como quieras.

El secreto es que no es el tiempo lo que tienes que manejar.

Lo que tienes que manejar es a ti mismo a través del tiempo.

Para manejarte a través del tiempo tenemos que comprender las diferentes esferas del mismo.

Esferas del tiempo

Una matriz muy famosa en los cursos de gestión empresarial es la famosa matriz de Eisenhower, popularizada por Stephen R Covey en su bestseller *"Los 7 hábitos de la gente altamente efectiva"*. Esta matriz representada por cuatro cuadrantes se divide en cuatro grupos basados en los dos ejes urgencia e importancia.

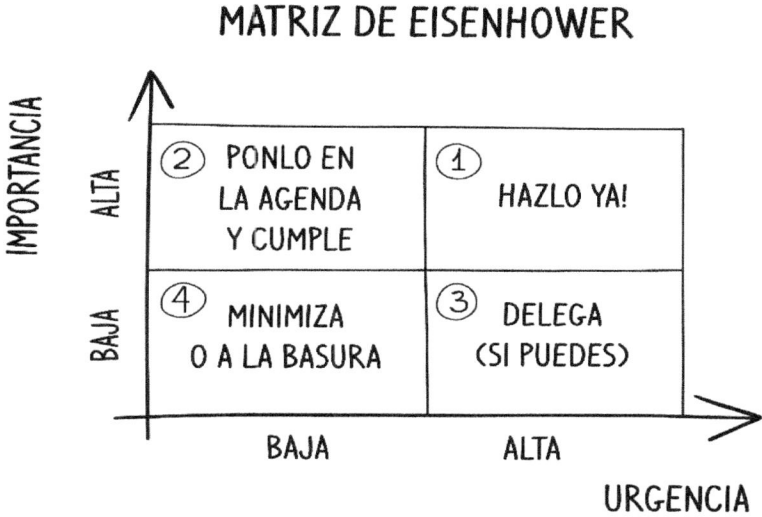

El problema es que mentalmente es muy difícil conceptualizarlo a través de cuadrantes. Una forma mucho más intuitiva es ilustrarlo como si se tratase de una diana, donde lo que importa realmente es el centro de la misma.

Una breve descripción de las áreas.

1. **El área de la distracción. En esta área se encuentran todas las actividades de ocio y aquellas que nos sirven para despejarnos la mente. Puede incluir cosas como ver la televisión, estar en las redes sociales... Son cosas que ni son urgentes ni tampoco importantes, a menos que seas blogger y te dediques a esto.**

No significa que no debas pasar tiempo en esta área, sino que no debes abusar de ella.

2. **El área del engaño.** En esta área nos encontramos haciendo las tareas que son realmente urgentes pero no importantes. Estas tareas nos quitan nuestra energía porque nos hacen sentir importantes o que estamos haciendo cosas con nuestra vida.

3. **El área de la demanda.** Aquí tenemos aquellas cosas que son importantes y urgentes. En esta área es donde reside el estrés. Te encuentras que estás apagando fuegos constantemente y, aunque en teoría haces mucho, te quedas con una sensación de que en realidad no has hecho nada. Si gran parte de tu tiempo lo dedicas a esta área, vas a tener una sensación de acabar quemado.

4. **La zona.** Lo que es realmente importante pero no es urgente. Aquí están nuestros sueños. Aquí está nuestra plenitud, las cosas que realmente queremos. Lo que es realmente importante y nos ilumina el alma, pero que al no ser urgente lo vamos dejando de lado.

¿Qué cantidad de tu tiempo empleas cada día en esas áreas? ¿Cuánto tiempo a lo largo de la semana lo pasas en la zona? Cuando alguien me dice que está estresado, te puedo decir que gran parte de su tiempo lo pasa en la esfera de la demanda, con una menor parte en la esfera del escape y casi nada en la Zona.

La pregunta clave

Hay muchas diferencias entre la gente eficiente y la gente menos eficiente, pero la gran diferencia está en la forma de pensar.

Las personas altamente eficientes tienen una pregunta en mente: **¿qué es lo que quiero conseguir?** Mientras que el resto de personas abordan las tareas bajo un prisma diferente: **¿qué es lo que tengo que hacer?**

Te invito a que a partir de ahora empieces a preguntarte qué es lo que quieres. Una vez que tienes aclarado el resultado que quieres, podrás ver que hay muchas formas de llegar ahí. Y muchas de estas formas las puedes hacer tú mismo o bien delegar en otros.

Delega u olvida

"¿Delegar? Fernando, pero si solo soy una ama de casa". ¿Solo?, respondí con asombro. Una buena ama de casa podría dirigir eficientemente cualquier empresa. Porque en el fondo se trata de lo mismo: gestionar los recursos para que se vayan cumpliendo los resultados. Organizar que los niños coman, vayan al colegio, regresen, actividades extraescolares, organización de la casa, tiempo para la pareja, cuidado personal... Si todo esto no es ser un gerente de proyecto, no sé entonces lo que es.

Delegar es el arte que debes manejar y para ello tenemos que abandonar una creencia que está muy metida en nosotros: "Nadie lo hace mejor que yo". Esta creencia, lo admitas o no, está detrás de cualquier bloqueo a la hora de delegar.

Delegar a corto plazo te va a suponer un gasto extra, pues tienes que enseñar, pero a largo plazo te va a compensar con creces.

Estoy seguro de que puedes hacerlo todo tú solo. La pregunta es: ¿debes?

El arte de priorizar

¿Qué hacemos primero? ¿A qué dedico mi tiempo y energía en primer lugar? La gran mayoría de la gente empieza su día con las demandas de otras personas: correo electrónico, redes sociales... Cuando comienzas el día de esa manera, al final de la jornada poca energía y poco tiempo te van a quedar para estar en la Zona.

La falsa identificación de la urgencia es lo que realmente te está impidiendo ser eficiente, además de tener una necesidad para distraerte de lo que es la rutina diaria.

Quiero que vuelvas a leer la frase anterior y que pienses si tiene sentido para ti. ¡Hazlo!

80 % y 20 %

El economista italiano Vilfredo Pareto comprobó cómo el 80 por ciento de la riqueza estaba en manos de un 20 por ciento de la población. Este porcentaje parece que se mantiene constante en la vida. Por ejemplo, en los negocios el 80 por ciento de los ingresos vienen del 20 por ciento de los clientes.

Lo que viene a decir esta fórmula es que hay acciones que te van dar más resultados que otras. Por tanto, debemos centrar nuestros esfuerzos en aquellas tareas que nos van a proporcionar más resultado.

Cuando tienes claro qué es lo que quieres, hazte esta pregunta: ¿qué 20 por ciento me va a dar el 80 por ciento de los resultados?

Planifica, agenda y ejecuta

Este es el mantra que tengo con todos mis clientes que buscan tener una vida de diseño: *Planifica, Agenda y Ejecuta*.

- **Planifica.** Una vez a la semana, durante treinta minutos siéntate contigo mismo y planifica la semana siguiente. No te preguntes qué es lo que tienes que hacer. Esa pregunta no va a sacarte de las esferas de la demanda. Empieza preguntándote qué es lo que quieres que pase. Y después, ¿cuál es tu 80-20?

- **Agenda.** O está en tu agenda o no pasa. Estoy seguro de que por norma general no sueles perder vuelos, citas con el médico o reservas que hayas hecho en un restaurante. ¿Por qué? Porque están en tu calendario. Sabes que van a venir y no lo vas a mover.

  Anota en tu agenda cada semana ese 20 por ciento de acciones que van a llevarte al 80 por ciento de tus resultados.

  "O estás en mi calendario o no estás en mi vida". Esta frase, que puede sonar directa, es mi filosofía de trabajo.

- **Ejecuta.** Trata tus reuniones contigo mismo con la misma importancia que una reunión externa. Si no llegas tarde o cancelas una cita con un amigo o un médico, ¿por qué vas a cancelarla contigo mismo? Ejecuta lo que pones en tu calendario. Simplemente preséntate a la cita con tu calendario y haz lo que te has propuesto.

Libera al REO

¡Esto sí que debe ser tu prioridad! Escribe las respuestas en tu cuaderno y observa lo que escribes.

1. Revisa tu tiempo de esta semana, y quiero que saques qué cantidad de horas dedicas a cada una de las esferas. ¿Qué porcentaje de tu día lo pasas en distracción? ¿Qué porcentaje en engaño? ¿Demanda? ¿Qué conclusión sacas?

2. Piensa en aquellos resultados que quieras conseguir y piensa cuáles son tus 80-20. Es decir, qué es lo que realmente tienes que hacer que te va a dar más resultados. Apunta esas tareas claves. ¿Cuánto tiempo te va a llevar? Agenda.

3. Créate el ritual de reservar al menos treinta minutos a la semana para planificar la semana. Vive con el concepto de *planifica, agenda y ejecuta.*

Antes de pasar a la siguiente pregunta, ojea otra vez este capítulo y haz en tu cuaderno las anotaciones que creas convenientes.

DES(AMOR)

14.¿Cómo mejorar mi relación sentimental?

E l mejor momento para mejorar una relación sentimental es cuando se está soltero. El siguiente momento: AHORA.

Aunque en este momento no tengas una relación sentimental, te invito a que leas este capítulo. De hecho, no hay mejor momento para leer este capítulo que cuando se está soltero.

Si estás en una relación con alguien, lee con atención. Y si tu pareja pudiese leerse el libro entero, mucho mejor.

En esta sección de preguntas, te invito a que tengas activada la curiosidad, a que evites el victimismo y a que seas cien por cien responsable (¿te acuerdas de los cuatro principios que leíste en la sección 1?). Es muy fácil caer en el victimismo: culpar, negar o justificar. Muy fácil el "¿qué sabrás tú? Mi caso es diferente".

Al César lo que es del César

Las relaciones sentimentales son de las áreas más delicadas en nuestra vida. Cuando en esta área vamos bien, el resto de la vida parece que fluye y vuela. Sin embargo, cuando tenemos problemas de amor, esto afecta al resto de nuestra vida y puede llegar a ser un infierno.

⌈ **Da igual cómo quieras camuflarlo, somos seres holísticos**. ⌉

¿Qué quiere decir? Que somos un todo. Que una parte afecta al conjunto, lo quieras o no. Cuando empiezo un proceso de coaching, da igual la razón por la cual la persona me contrató. En menos de dos meses la persona va a estar hablando de su vida sentimental.

Seamos honestos con nosotros mismos. Engañarnos es como hacernos trampas en el solitario. En este capítulo encontrarás observaciones, preguntas. Respóndelas con honestidad. Si hay algo que no te gusta y te gustaría cambiar, eso no significa que seas mala persona o que no seas agradecido. Simplemente muestra que tienes unos estándares más altos. Y por eso mismo, tienes mi respeto.

Quizás tu pareja sea un excelente padre o madre de tus hijos. Quizás un excelente compañero de vida. ¿Pero es eso lo que estás esperando de tu pareja sentimental? No confundamos o mezclemos papeles. Al César lo que es del César.

Diferente estado de las relaciones emocionales

Como pasa con otras áreas, antes de querer mejorar debemos ser conscientes de dónde estamos. Al respecto, la famosa terapeuta familiar Cloe Madanes reconoce que hay cinco diferentes etapas en las relaciones sentimentales.

1. **Amor y pasión.** El Roll Royce de las relaciones. La Champions League. El sitio en el que toda pareja aspira a estar. Una relación donde ambos sienten amor y pasión constante. Muy pocas parejas realmente están en esta fase. Muy pocas viven de forma constante en esta etapa.

2. **Amor pero no hay pasión.** Puede ser por la rutina, o quizás porque otras prioridades se están llevando tu atención. Sea por la razón que sea, tu relación se ha convertido en una bonita amistad o, por lo menos, una cordial amistad. Se podría decir que sois compañeros de piso. Mucha gente se conforma en esta fase, otros aspiran a más. Si los dos estáis a gusto en esta

fase, tendréis una relación duradera pero falta de vida. Si una persona no está a gusto en esta posición, habrá tensión.

3. **No hay amor y no hay pasión, planeando el escape.** La relación se ha ido deteriorando poco a poco y ya sabes que no hay vuelta atrás. No sabes cómo, quizás no tengas el coraje para hacerlo, pero sabes que esa relación está muerta y en tu cabeza fantaseas con tu libertad. Quizás los hijos son tus excusas para salir. Quizás el qué dirán o quizás tu miedo a la incertidumbre del después.

4. Puede ser que no quieras hacer daño a tu pareja. Aunque eso te honra, ya es tarde. Estar en una relación donde no hay amor, no hay pasión y además emocionalmente ya no estás, es alargar la agonía. Dar mal ejemplo a tus hijos sobre cómo debe ser una relación sentimental y robar lo único que tu pareja nunca más va a poder recuperar: tiempo para rehacer su vida.

5. **No estoy en una relación, pero quiero una.** Quizás ha pasado cierto tiempo desde tu última relación. Quizás nunca has tenido una relación de verdad y estés deseoso por empezar una. Estás esperando a la persona perfecta, al amor perfecto, y por ahora nada de lo que ves cumple tus expectativas. ¿No estás atrayendo a la persona correcta en tu vida? ¿No sabes los siguientes pasos? Bueno, las preguntas siguientes van a ser de gran ayuda.

6. **No estoy en una relación y además no me hables de ellas.** He creado tanto dolor en mis antiguas relaciones que solamente con pensar en una me entra alergia. No hay nada mejor que estar con uno mismo. Tienes asociado estar en una relación con cosas negativas. Falta de libertad quizás. Nadie te obliga a estar en una relación. No te hace ni mejor ni peor persona. Yo sim-

plemente vería cuál es mi razón de esta elección y trabajaría en ello. Puede que bajo esta decisión haya mucho dolor que quieras tapar, pero que está ahí y no se irá hasta que no sane.

Ahora un momento de honestidad. ¿En qué fase estás? ¿En qué fase crees que tu pareja diría que estáis?

Revisión de nuestra relación

En la pregunta número 7 hemos hablado en detalle sobre las necesidades del ser humano. Si te has saltado ese capítulo, vuelve a él antes de seguir.

Es momento de hacer un trabajo de análisis. ¿Cómo me siento con mi relación sentimental?

Uno de los secretos que me verás decir con frecuencia es que las relaciones no se rompen de la noche a la mañana. No conozco ninguna relación donde las seis necesidades estén cubiertas a nivel 8 o superior y la relación se rompa. Por lo tanto, es importante ver dónde se encuentra tu relación en comparación con las necesidades.

1. **Certeza.** ¿Qué seguridad tienes con tu pareja? No me refiero solamente a seguridad física, sino emocional, financiera... ¿Puedes confiar en tu pareja en cualquier aspecto? ¿Tienes claro a dónde vais? ¿Tienes claro cuál es su idea de vida? ¿Tienes claro cómo quiere vivir? ¿Tienes claro lo que es importante para tu pareja? Del 1 al 10, ¿cuánta certeza sientes?

2. **Variedad.** La chispa de la pasión. ¿Hace cuánto que no tenéis planes? Y no me refiero a la cena de los martes o al cine de los sábados. Si sabes que van a venir, ya no es variedad, no es incertidumbre, no es sorpresa. ¿Te acuerdas cuando empezasteis? Todo era novedoso. ¿Cuánta variedad tienes en tu vida? ¿Cuántas sorpresas positivas recibes? Del 1 al 10, ¿cuánto sientes de variedad en tu relación?

3. **Significancia.** ¿Cómo de importante te sientes en la relación? ¿Te sientes uno más? ¿En qué nivel de prioridad estás en la vida de tu pareja? Cuidado, que por aquí se alimentan los celos. Esta puede ser una puerta de entrada a que una tercera persona se cuele en la relación.

4. **Amor y Conexión.** ¿Sientes conexión con tu pareja? ¿Te entiende? ¿Te respeta? ¿Sabes en qué momento de tu vida te encuentras? ¿Sientes amor por tu pareja? No te conformes solamente con conexión, sino con amor. ¿Cómo de bien te conoce tu pareja? ¿Cómo de bien conoce tus necesidades? Del 1 al 10, ¿cuánto es tu amor y conexión?

5. **Crecimiento.** ¿Sientes que estáis creciendo por caminos parecidos? ¿Sientes que uno de los dos se ha quedado estancado? Del 1 a 10, ¿cuánto crecimiento sientes?

6. **Contribución.** ¿Cómo contribuye tu pareja? ¿Cuánta contribución en tu vida viene por parte de tu pareja? Del 1 al 10, ¿cuánta contribución sientes?

Te propongo que revises la pregunta 7 por si te quedan dudas sobre las necesidades del ser humano. Que leas esta sección otra vez y que respondas del 1 al 10 cómo sientes que tus necesidades son satisfechas. Ahí tendrás tu primera indicación sobre dónde trabajar en la pareja.

Ponte en el papel de tu pareja. ¿Cómo crees que sus necesidades son satisfechas? Ponerse en el papel del otro es vital. Es muy fácil responder que sus necesidades están satisfechas. Si tanto tú como tu pareja estáis leyendo este libro, podéis tener una conversación sincera sobre ello.

Te propongo el siguiente reto. Durante los próximos treinta días, céntrate en exclusiva en cubrir las necesidades de la otra persona. Me refiero a sus necesidades, no a lo que tú crees que son sus necesidades. Céntrate en tu pareja y no te preocupes en estos treinta días por tus necesidades.

Las reglas del juego

¿Cómo sabes que tu pareja te quiere? ¿Qué cosas concretas tiene que hacer tu pareja, o no hacer, para que tú te sientas amado por ella? No sé si lo has pensado antes, pero piénsalo. Todos tenemos nuestra definición de lo que es amor y cómo sabemos si estamos o no recibiendo amor. Esto está grabado en tu mente inconsciente. Por ello, necesitamos un poco de observación.

Esas reglas que tú tienes para saber si estás recibiendo amor o no, son tuyas. Tú las has aprendido de forma inconsciente. No asumas que todo el mundo tiene las mismas reglas, porque no es así. Es más que probable que tu pareja tenga unas reglas diferentes y que ambos os estéis comunicando en función de vuestras reglas individuales, pero no en función de la regla de tu pareja.

Para jugar a cualquier juego es vital conocer las reglas del mismo y saber cómo va el marcador. Evita la tentación de querer que tu pareja sea una experta leyendo mentes. Comunica las reglas del juego.

Mi querido limpiabotas

Cada vez que entraba en el vestíbulo de mi oficina en 123 Eagle Street, miraba con curiosidad el puesto de ese viejo limpiabotas. Nunca me había atrevido a sentarme en esa silla que parecía un trono real. La verdad es que nunca había visto a nadie sentarse allí. Pero la primera semana después de mi separación decidí sentarme. Quería probar cosas diferentes y decidí seguir mi curiosidad.

El viejo limpiabotas se llamaba Alan y era un —no tan viejo— australiano a quien el sol y, según él, la mala vida de su juventud habían dejado sus huellas en la piel. La primera vez que me senté en ese trono no sabía cómo reaccionar. Era la primera vez que una persona me limpiaba los zapatos. En esa ocasión llevaba unos zapatos viejos. Los usaba a menudo. Fueron el primer regalo de Ana y los había usado tanto que se me habían amoldado. No me gustaban ya, pero eran cómodos y estaba a punto de tirarlos a la basura. Cuando Alan me preguntó por mis zapatos, le conté que tenía pensado tirarlos. ¿Tirarlos? ¿Por qué?, me preguntó con asombro. Son viejos y no me dicen nada, respondí. Alan me dijo que si todos los días le visitaba durante las próximas tres semanas vería el cambio espectacular en ellos. Me pareció un buen reclamo por su parte y acepté, porque, oye, tener zapatos limpios todos los días no me vendría mal. No pasaron ni tres semanas para darme cuenta del cambio. De repente empezaron a brillar. De repente los reconocí. ESOS SON los zapatos que yo vi un día en una zapatería en Madrid y me enamoré de ellos. ¡Esos son los zapatos que me regaló Ana!

Alan sonrió y me dejó una de las mayores lecciones que nunca me habían dado en la vida. "**Los zapatos son como las relaciones**, con el uso, pasas de estar enamorado de ellos a simplemente sentirte cómodo con ellos, pero si los cuidas a diario no importan el barro, los charcos, si se cuidan a diario no van a perder ese *algo* que te hizo enamorarte de ellos".

Durante más de un año fui todos los días a obtener lecciones de vida de mi viejo limpiabotas. Sin duda, uno de los rituales que más eché de menos cuando me mudé de ciudad.

Libera al REO

Responde con amor. *Escribe las respuestas en tu cuaderno y observa lo que escribes.*

1. ¿En qué fase de la relación crees que te encuentras? ¿En qué fase de la relación está tu pareja? Piensa y justifica ambas respuestas.

2. Haz el análisis de necesidades en tu relación. ¿Cuál de las necesidades está menos satisfecha? Haz lo mismo sobre tu pareja, poniéndote en su piel.

3. ¿Cuáles son tus reglas en la relación? ¿Cómo sabes que te sientes escuchado, respetado, amado? Piénsalo y escribe las respuestas.

4. ¿Cuál es la queja principal de tu pareja hacia ti? ¿Falta de tiempo, falta de entendimiento, falta de intimidad...? ¿Cuál crees que es el problema real de este síntoma?

5. Ten una conversación honesta y sincera con tu pareja sobre cómo está la relación y cómo crees que se podría mejorar. Ten curiosidad por el punto de vista de tu pareja y dale tiempo a que pueda reflexionar y volver a ti para seguir la conversación.

Antes de pasar a la siguiente pregunta, ojea otra vez este capítulo y haz en tu cuaderno las anotaciones que creas convenientes.

15. ¿Cómo superar una ruptura sentimental?

L as rupturas sentimentales son duras, con independencia de las circunstancias en que se produzcan. Son tragos duros.

Este es un tema personal para mí, así que créeme que entiendo todo el dolor interno que puede crear una ruptura. No solo pasé por un divorcio, sino que desde que me divorcié hasta que encontré a Aimee, varias personas pasaron por mi vida con el mismo número de rupturas.

Cruda realidad

¿Recuerdas la pregunta 7 cuando hablamos de las seis necesidades? Si no has leído esa pregunta, te invito a que lo hagas ahora para entender mejor.

Cuando las estadísticas muestran por qué se acaban las relaciones, hablan de las siguientes causas: infidelidad, mala comunicación, celos, familiares entrometidos y adicciones. Sin embargo, ese enfoque es muy simplista.

Esas causas que muestran NUNCA son el problema. Y cuando digo NUNCA es NUNCA. ¡Esos son los síntomas del problema!

Siempre hay algo detrás de esa falta de comunicación, de esa infidelidad, de esa falta de pasión... Por ejemplo, que la familia se entrometa puede ser un síntoma de que no tienes bien definidas las barreras en tu vida y has dejado que tu territorio sea pisado.

La cruda realidad es que no conozco ninguna relación donde las personas tengan cubiertas las seis necesidades a un nivel de 8 o superior, y la relación se rompa.

Las relaciones, al igual que la salud, es muy raro que se estropeen de la noche a la mañana. Que **no sepas identificar los síntomas de que hay algo mal en la relación no significa que haya pasado por arte de magia.**

Fernando, ¡de verdad que mi matrimonio era perfecto!

María se había puesto en contacto conmigo porque se sentía perdida, desde hacía seis meses no levantaba cabeza. Un día su marido llegó a casa y, sin mediar mucha conversación, hizo las maletas y dejó a María y a sus tres hijos pequeños para empezar una nueva vida con una compañera de la oficina.

Primero, María había entrado en shock, negando la realidad. Después había entrado en un periodo donde combinaba la culpabilidad con episodios de ira y odio. También con periodos de justificaciones. Su marido había preferido a una mujer más joven y atractiva.

Desde hacía unos meses se había dado a la bebida para callar a la mente. Esto último no parecía un buen remedio, pues bajo los efectos del alcohol solía llamar a su expareja para insultarle. Al día siguiente se levantaba con resaca y sentimientos de arrepentimiento por haberle llamado, avergonzada por su adicción al alcohol y por lo que sus hijos podían pensar. Seis meses habían pasado desde que su marido se fue de casa y todo seguía igual.

— Fernando, es que mi matrimonio era perfecto. Los amigos nos decían que éramos la pareja ideal. Y de repente se acabó todo. Nadie se lo podía creer, y yo menos.

— ¿Era de verdad un matrimonio perfecto?

— Sí, Fernando. Era perfecto. Nos conocíamos desde hace casi veinte años. ¿Cómo podía imaginarme eso?

— Si pudieras volver desde cero, ¿me dices que le escogerías como pareja perfecta? ¿Te volverías a casar con él y vivirías todas y cada una de las cosas?

Ahí se hizo un silencio.

— Bueno, en estos veinte años hemos tenido nuestras diferencias. Pero ¿quién no ha tenido diferencias? [empezamos con justificaciones] Por ejemplo, me engañó varias veces con otra mujer de su trabajo, pero se lo dejé pasar porque era cuando acabábamos de tener nuestro segundo hijo y claro... Bueno, tampoco me gustaba que se enfadara cuando vestía de una manera determinada. Me decía que... Pero lo que peor llevaba es su adicción al alcohol y a las drogas, sobre todo cuando estaban los niños. Bueno y...

¿Es eso un ejemplo de matrimonio perfecto? Créeme que es una historia real, de una persona real. Una persona que realmente creía que su matrimonio era perfecto.

Es común que cuando se acabe una relación pasen dos cosas:

- **Nuestro EGO se siente dolido por el rechazo. Nuestra mente solamente resalta cosas positivas y lo único que queremos es recuperar a la expareja ¡porque no sabe lo que se pierde!, ¡no va a encontrar nadie mejor que yo!, etc.**

- **Nuestro EGO se siente dolido y saca todo lo negativo una y otra vez para hacer el odio más grande. El problema de esto es que cuando odias a una persona, en verdad eres tú mismo quien se traga el veneno del odio.**

❝ **Muchas veces superar una ruptura tiene que ver más que otra cosa con calmar a tu EGO y gestionar los miedos por la incertidumbre.** ❞

No hay nada que enganche más a tu EGO que sentirse rechazado. **El rechazo es como gasolina para EGO y activa su modo lucha.**

Conozco personas que llevaban planeando dejar la relación durante meses, pero no se atrevían a dar el paso. No estaban enamoradas de la persona, no hacían más que hablar mal de su pareja. PEEEEERO la pareja se adelanta y le deja. ¡Y ahora se encuentran luchando para que la pareja vuelva!

Volvamos a la cruda realidad

Fernando, de verdad no entiendes. Mi relación era perfecta. No había nada de eso que cuentas.

NO, NO LO ERA. No lo digo yo, que no pinto nada en tu relación. Te lo ha dicho la otra persona. Por eso ha tomado la decisión de seguir sin ti.

Hay veces que tienes que escuchar la cruda realidad para despertar. Tu relación no era perfecta para la otra persona y ha decidido poner agua de por medio. Pero eso no significa que tu valor sea menor. Hay gente como mi madre que prefiere la mortadela al jamón serrano.

La regla de los tres días

A los pocos meses de terminar mi matrimonio, conocí casi por casualidad a una nueva chica. La verdad es que le debo mucho a mi querida venezolana, pues fue quien me introdujo en el mundo de desarrollo personal. Además de eso, aprendí otras cosas que me han acompañado hasta ahora. En concreto, la regla de los tres días.

Laury siempre estaba rodeada del mismo grupo de amigas, por lo que me fue fácil crear una amistad con estas chicas. Ellas eran diferentes, con un alma más melancólica. Las conversaciones acababan girando en torno a lo mismo: la mala suerte que tenían con los chicos y cómo echaban de menos a sus ex. Un día, al ver cómo hablaban de sus exparejas, le pregunté a una de ellas que cuándo había acabado la relación. Estaba claro que debía ser muy reciente. Me contestó que hacía ¡nueve años!

Todas envidiaban en cierta manera a mi querida venezolana. Era la *fuerte* del grupo. Laury tenía una regla diferente y peculiar: ella lloraba tres días. "Esos son los días que lloro por un hombre", me decía una y otra vez con esa sonrisa en la cara. Pero eso sí, me matizaba, por tres días me vacío, lloro, sufro lo que tenga que sufrir, y al cuarto día me ducho, me pongo bonita y paso página.

– ¿Tres días?, pregunté yo por primera vez con cara de incredulidad.

– Fernando, que llore por una persona tres días no significa que le haya querido menos que si lloro nueve años. Simplemente, no tengo nueve años para dar. Tú decides tu luto: tres días, tres meses, nueve años... No te juzgo, pero si Jesús resucitó en tres días, ese es el tiempo que me doy.

¿Cómo paso página?

Lo que te está haciendo daño no es tu expareja. No es cómo se terminó la relación. Lo que te está haciendo daño eres tú mismo con la historia que te cuentas todos los días en tu cabeza, reviviendo las cosas una y otra vez. Me habrás escuchado o leído varias veces decir lo mismo y lo repetiré hasta que dejes de escucharlo y empieces a interiorizarlo:

Es lo que pasa entre tus dos orejas lo que te hace sentir de una determinada manera. Nada tiene que ver con lo que pasó en la relación, o lo que te esté diciendo ahora tu pareja.

Deja de comer chocolate

¿Sigues todavía en duelo? ¿Cuándo es momento de dejarlo? Sí, la respuesta es ya. Deja de comer chocolate, deja de ver películas tristes,

deja de lamentarte. Has decidido que es momento de superarlo, así que ponte manos a la obra. Sigue los siguientes pasos, no te quedes solamente leyendo. Tienes que vencer esa apatía. Por lo tanto, lee y sigue las instrucciones. Puede parecerte raro, da igual.

1. **Haz un listado de todas las cosas negativas** de esa persona y un listado con las cosas positivas. No te quedes solamente en un lado de la ecuación, pon las dos caras de la moneda. Quizás te cueste más un lado que el otro, haz el esfuerzo. Pon tantas cosas como puedas. Deja que tu mente se vacíe de recuerdos. Buenos, feos... pon todo.

   Si cuando leas la lista todavía tienes una emoción negativa, ya sabes que tienes que poner algo más en la lista positiva. Si cuando acabes sientes una emoción positiva, de añoranza, sigue poniendo cosas negativas. No pares hasta que estés neutro.

2. **Momento de limpieza,** dejando espacio a lo nuevo. Limpia tu casa, tu cuarto, tu cartera. Que tu hogar refleje tu nuevo estado mental. Cuanta más basura tengas a la vista, peor te vas a sentir.

   Limpia tu armario. Dona la vieja ropa que ya no usas. Tira la ropa que está acumulando polvo y no puedas donar. Deja espacio para lo nuevo.

   Limpia tu ordenador, tu teléfono móvil. Allí donde haya recuerdos que te puedan hacer caer en películas.

3. **Mira el listado que hiciste en el punto 1** y asegúrate de que estás neutro. Si sigues con alguna emoción, sigue vaciando recuerdos en papel.

Toma el papel y trocéalo. Ve al cuarto de baño y tíralo al retrete. Observa cómo los papeles se humedecen y van al fondo.

Mientras ves estos papeles ir al fondo, vas a repetir cinco veces estas palabras: "Lo siento, perdóname. Gracias. Te amo". No solamente dilo, sino siéntelo.

Tira de la cadena, cierra la taza, da media vuelta y siéntete ligero. Da gracias al pasado-pasado. Da gracias al futuro que está por venir. Y para ello vas a centrarte en el presente.

Céntrate en otros

Por último, para superar una ruptura y llenar ese vacío interior que crees que tienes, **te recomiendo que te centres en tu necesidad por contribución.**

Acude a una organización que ayude a un colectivo que lo esté pasando mal, o personas mayores que se encuentren solas, niños enfermos, inmigrantes que se encuentren solos y perdidos en tu ciudad. Por treinta días, olvídate de ti y de tus penas. **Durante treinta días céntrate en contribuir y en dar amor.** Pasados los treinta días, envíame un correo y cuéntame cómo te sientes.

Libera al REO

Superándolo. *Dedícale cinco minutos a cada pregunta. Escribe las respuestas en tu cuaderno y observa lo que escribes.*

1. Vuelve a leer el capítulo. Hay ciertos mensajes que debemos escuchar dos veces.

2. ¿Cuándo crees que va a ser momento de pasar página?

3. Haz el proceso descrito en este capítulo. Sí, sí, y lo tiras por el retrete.

4. Escoge un grupo en el que te gustaría dar tu contribución por treinta días. Puede ser tu propia familia, grupo de amigos, un voluntariado...

5. Adopta la regla de los tres días en tu vida. ¿Qué tendrías que creer para adoptar esta regla? ¿Qué deberías soltar?

Antes de pasar a la siguiente pregunta, ojea otra vez este capítulo y haz en tu cuaderno las anotaciones que creas convenientes.

16. ¿Debo volver con mi ex? ¿Y si me fue infiel?

¿ Desde dónde me estás haciendo esta pregunta? ¿Es desde el dolor y la soledad o es desde el amor y la conexión?

Yo no soy defensor de las vueltas. En mi vida solamente he vuelto con una persona y no resultó. ¿Por qué? Pues porque la misma pregunta incluye **el problema: ¡VOLVER!**

Volver significa caer otra vez en las **mismas rutinas**, en las mismas manías, un más de lo mismo. Por lo tanto, vamos a volver a recordar por qué se acabó aquella primera vez.

Si estás en una de esas relaciones yoyós, donde te separas y vuelves una y otra vez. Esas relaciones con una apasionada reconciliación y con sus apasionadas rupturas. ¿Por qué sigues haciéndolo? Estás enganchado a esa emoción. Las cosas no van a mejorar. Las cosas van a seguir así hasta que uno de los dos sea lo suficientemente fuerte para poner punto y final a esa historia. Y la otra persona va a quedarse enganchada en la historia.

Respira tú primero

Vivimos en una sociedad en la que solemos poner al otro primero, sobre todo si eres mujer. El papel de la mujer suele ser el de supermujer, supermadre, superhija, superesposa. Atendiendo a todas las necesidades de todos y olvidándose de la persona que realmente es importante: uno mismo.

Ponerse uno primero no es egoísmo, es necesario. No te lo digo yo, te lo dicen todas las aerolíneas. En caso de emergencia, primero te pones tú la mascarilla y después ayudas a los demás. Aunque parezca más natural ayudar a tus hijos primero y luego centrarte en ti, se dieron cuenta de que es muy difícil ayudar cuando estás muerto.

Segundas partes no fueron buenas (menos Indiana Jones)

Para que haya una vuelta que funcione, tiene que haber un doble cambio. Ese es el secreto que nadie te va a decir. Y aun sabiendo el secreto, no te garantiza el éxito, porque no puedes hacer que la otra persona cambie. Pero si las dos personas se comprometen con el cambio, entonces –como *Indiana Jones*– la segunda parte puede superar a la primera.

¡Sí! Las dos personas tienen que cambiar de forma radical. Si no se produjese el cambio, vais a volver. Y lo que queréis es empezar de nuevo.

Es muy bonito decir: ¡vamos a darnos una segunda oportunidad! ¡Vamos a empezar de cero! Pero lo siento, esa idea romántica no funcionará a no ser, otra vez, que haya un cambio radical por las dos partes.

Literalmente, empezar de cero significa empezar como si no conocieses a esa persona.

Superando infidelidades

En la pregunta anterior comenté que las infidelidades no son el verdadero problema. Son síntomas de que algo no funciona, en concreto una necesidad no cubierta por la otra persona. Esto es muy importante de asimilar, puesto que si en el futuro volviese a aparecer el mismo problema se podría volver a dar el mismo síntoma (la infidelidad).

Es posible superar infidelidades, todo depende de cuánta importancia tenga para ti la fidelidad. Sé que para la gran mayoría de las personas la fidelidad está en la lista de valores en sus relaciones, pero no todos lo ponen en la número 1. Por ejemplo, hay gente que tiene la honestidad como número 1. Y si la pareja cuenta la infidelidad, aun siendo dolorosa es capaz de perdonarla porque al contarlo no ha violado el valor de la honestidad.

Confiar en tu pareja es un acto de fe. Es verdad que no sabes si volverá a engañarte, pero tampoco sabes si vas a morir mañana y no por ello vives angustiado, ¿verdad?

Es tu elección olvidar o no, y lo que elijas bien elegido es. Pero no mezcles. Si decides olvidar, olvídalo. Si no lo puedes olvidar, no vuelvas con tu ex, porque literalmente estarías volviendo, y no empezando de cero.

Perdono pero no olvido

Seguramente has escuchado esa expresión de *"yo perdono pero no olvido"*. Bueno, pues **no sé cómo lo hacen**. Porque para mí, *perdono* y *olvido* van de la mano. Si no eres capaz de perdonar y olvidar, entonces no te plantees volver con tu pareja.

No se trata de ser ingenuo. Se trata de tener la misma confianza o ingenuidad, si así quieres llamarla, que antes de que comenzaran los problemas. Si no eres capaz de olvidar, no se puede empezar de cero. No se puede dar una segunda oportunidad a alguien cuando tu mente está con sospechas de todo tipo.

No se trata de hacerte el ciego y no querer ver. Hacerte el ciego es otra versión de la víctima, negando lo que hay.

Se trata de que si empiezas de cero porque confías en la persona, porque confías en que todo será diferente, no puedes tener la mente vigilante y esperando donde pueden venir los problemas.

¿Y si la persona vuelve a hacer lo mismo? Bueno, pues qué más pruebas necesitas para ver que esa persona no quiere cambiar. Qué más pruebas necesitas para saber que estás perdiendo el tiempo con esa persona. Qué más pruebas necesitas para cambiar el papel que esa persona juega en tu vida.

Reorganizando papeles

Las rupturas son difíciles. Por eso, intenta ser el mejor ex posible. La figura ex no me gusta. Una cosa que aprendí de mi divorcio fue cambiar los papeles. Saber distinguir cuál es tu papel de pareja. Mi relación con Ana no funcionó. Para empezar, porque mi yo pasado no tenía la mentalidad que tengo hoy en día. No era capaz de ver el mundo con la forma que lo veo hoy. Pero fue esa ruptura la que me impulsó a ese viaje interior. A la vez, tampoco compartíamos la misma visión de vida. No teníamos valores parecidos ni entendíamos la vida de la misma manera. En aquel momento, su gran necesidad por variedad e incertidumbre contrastaba con mi mayor necesidad por certeza. Todo hizo que la pasión se acabase mucho tiempo atrás. Pero hubo una cosa que nunca acabó, y es el amor y respeto por ella. ¿Por qué tendría que salir de mi vida? Que dijéramos un no como pareja no quiere decir que dijéramos un no como muy buenos amigos, como personas que se apoyan por separado.

No siempre es fácil hacer esa transición. Cuando las dos personas tienen claro que la historia ha terminado pero no quieren perder a la persona, entonces se puede comenzar una nueva relación, una amistad profunda.

Después de Ana, mantengo amistad con casi todas mis exparejas. Una de ellas fue clara y dijo que no quería saber nada de mí. Que cuando acaba, acaba en todos los papeles. Yo lógicamente respeté su decisión, y nunca más supe de ella, aunque por mi parte le sigo guardando un gran cariño.

Libera al REO

¡Regálate un GRAN SÍ a ti primero! *Escribe las respuestas en tu cuaderno y observa lo que escribes.*

1. ¿Por qué se acabó la relación con tu expareja? Sé sincero.

2. ¿Qué motivación hay detrás de querer volver? ¿Es por miedo a la soledad? ¿Por querer el "más vale lo malo conocido que lo bueno por conocer"? ¿Es quizás por presión externa? ¿Es quizás por cuestionarte si no estabas tan mal?

3. ¿Cómo va a ser tu vida si todo sigue igual? ¿Te imaginas en esa relación por el resto de tu vida? ¿Será una vida plena?

4. ¿Qué necesidades no fueron cubiertas en la relación y deberían mejorar?

Antes de pasar a la siguiente pregunta, ojea otra vez este capítulo y haz en tu cuaderno las anotaciones que creas convenientes.

17. ¿Puede cambiar mi pareja?

En la pregunta número 1 aprendiste que las personas pueden cambiar independientemente de la edad o el comportamiento. Para que una persona cambie la forma de ser, eso implica que tiene que haber un cambio en la forma de pensar.

Las personas pueden cambiar, no hay ninguna duda sobre ello.

Ahora bien, si te haces esta pregunta desde la esperanza de que tu pareja cambie por arte de magia para que se amolde a tu imagen idealizada de pareja, la respuesta más probable es la que no te gustará escuchar. **NO, tu pareja lo más seguro es que no vaya a cambiar.**

El proceso del cambio es complejo. Para el proceso de cambio no vale el simple hecho de decir "voy a cambiar". Pero antes de seguir déjame preguntarte.

1 ¿Por qué quieres que cambie?

Cuando comienzan, las relaciones pasan por la fase luna de miel. Esta fase, que puede durar en el mejor de los casos dos años, es aquella en la que todo es novedoso y cada uno saca lo mejor de sí para gustar a la otra persona.

No es que la otra persona no tenga defectos. Es que literalmente estás anestesiado y no eres capaz de verlos, o si los ves no les das la importancia necesaria.

Con el paso del tiempo, esa anestesia empieza a desaparecer y los problemas se acentúan.

Lo importante aquí es que analices por qué quieres que cambie.

¿Es algo que hace ahora y antes no hacía? ¿Es algo que hacía desde que os conocisteis pero ahora es cuando te parece molesto?

2 ¿De quién te has enamorado realmente?

Solemos tener una imagen en nuestra mente de lo que significa una pareja. Cuando nos sentimos atraídos por una persona, lo que hacemos es proyectar en esa persona las cualidades que tenemos en nuestra mente.

Tu pareja, a la vez, hace exactamente lo mismo.

Por lo tanto, una relación de pareja se puede complicar porque entren en juego varias entidades.

1. **Quien tú eres realmente.**

2. **Quien tú crees que eres o muestras a los demás.**

3. **Quien/como te gustaría que fuese tu pareja.**

4. **Quien tu pareja es realmente.**

5. **Quien tu pareja cree que es y muestra a los demás.**

6. **Quien/como a tu pareja le gustaría su pareja.**

Con tantas partes en una relación, es muy fácil acabar confundido.

Juega a ganar

Las relaciones personales son como un gran juego. Cada persona tiene grabado de forma inconsciente lo que significa ser una buena pareja. Lo que significa ser un buen marido/esposa, o buen padre/madre.

El problema es que mi definición de buen marido puede que no concuerde en absoluto con la definición de buen marido que tiene mi mujer. Y ahí empiezan los problemas.

No todo el mundo tiene las mismas expectativas. Cuando solicito en un seminario que me digan qué debe tener un buen marido/esposa, cada persona me da una definición diferente.

¿Te has preguntado alguna vez qué tiene que tener tu pareja para que la consideres una buena pareja? ¿Qué cosas tiene que hacer? ¿Con qué frecuencia? ¿Qué cosas nunca debería hacer?

Las respuestas a esas preguntas van a mostrarte las reglas de tu juego. Si la realidad no cumple con las expectativas inconscientes, entonces tendrás problemas con tu pareja. Si las cumple, dirás que es la pareja de tus sueños.

Cuando comento esto a mis clientes, la mayoría se sorprende al darse cuenta de esas reglas que tienen. Todos las tenemos. **Todo el mundo tiene expectativas, aunque sean inconscientes**.

El problema no es que tengas expectativas, sino que tu pareja también tiene expectativas. Y lo más seguro es que sean diferentes a las que tú tienes.

Si los dos tenéis reglas diferentes, por mucho que estéis juntos, en verdad **ini siquiera estáis jugando al mismo juego!**

Fernando, no entiendes, es que tiene que cambiar...

Quizás es un vicio, quizás es un comportamiento. Sea lo que sea, tu pareja no tiene que cambiar absolutamente nada. Y si cambia, tiene que ser una decisión de tu pareja. Tú solo puedes mostrar cuáles son tus valores o tus reglas innegociables.

Si tu pareja sabe cuáles son tus reglas innegociables y no está por la labor de satisfacerlas, estás en tu derecho de buscar otra persona que las cumpla. Hay personas que me preguntan si deben cambiar las reglas innegociables. Respuesta corta: NUNCA.

Tus reglas que son negociables pueden ser cambiadas. Incluso aunque no te gusten, pueden ser negociables. Por ejemplo, tuve una pareja que fumaba, y para mí fumar es un gran NO. Aun así, no era innegociable. Por lo tanto, aunque no me gustaba, lo acepté sin más porque tenía otras cosas que compensaba con creces.

Ten claras cuáles son tus reglas innegociables y las negociables. Y cuando tu pareja se pasa de territorio, pon barreras. Si cedes en tus innegociables es solo temporalmente, porque va a llegar un momento que te vas a sentir mal contigo mismo. Tu autoestima se va a ver afectada y la relación no va a funcionar. **Cuando una de las partes de la relación no se siente contenta consigo misma, lo más normal es que la relación se resienta.**

No cambies a tu pareja, cambia de pareja

Cambiar a tu pareja no es la solución. Primero, porque la persona que cede y cambia por el hecho de poder amoldarse a lo que tú esperas de pareja, lo más seguro es que en algún momento tenga resentimiento hacia ella misma por haber aceptado cambiar. Y en segundo lugar, resentimiento hacia ti.

La cazasapos

Un comportamiento muy normal y aceptado por la sociedad es el del cuento de besar a un sapo y convertirlo en príncipe.

Cuidado, porque en la realidad lo que pasa es que se besa a un príncipe y lo convierten en un sapo. El problema es que ese príncipe no era para esa princesa.

Donde pongo príncipe puedo poner princesa y viceversa. Hay muchos hombres que buscan también transformar a la mujer. ¡Nunca funciona!

Gratitud

¿Qué es lo que realmente aprecias de tu pareja? ¿Cuál es la razón por la cual no cambiarías a tu pareja?

Ahora es momento de resaltar esas cualidades. Cuando una persona se centra en lo que no le gusta de la pareja, eso impacta en la relación.

Libera al REO

Escribe las respuestas en tu cuaderno y observa lo que escribes.

1. ¿Cuáles son las características que tiene que tener tu pareja? ¿Qué hace que no debería hacer? según tú, ¿Qué no hace que debería hacer? según tú.

2. ¿Cuáles son tus reglas innegociables? ¿Cuáles son tus reglas negociables?

3. ¿Dónde has aprendido esas reglas? ¿Quién te ha enseñado que eso es innegociable o negociable?

4. ¿Qué características de tu pareja te enamoraron? ¿Por qué dijiste sí a tu pareja? Recuerda cuando os conocisteis y lo que te hizo fijarte.

5. Si hoy llegas a casa y te enteras de que nunca más volverás a ver a tu pareja, ¿qué cosa(s) echarías de menos?

Antes de pasar a la siguiente pregunta, ojea otra vez este capítulo y haz en tu cuaderno las anotaciones que creas convenientes.

18. ¿Por qué siempre atraigo a las mismas personas?

Estoy seguro de que si te pregunto qué tipo de relación es la que quieres para ti, seguramente vengas con un listado con las características que deseas en una pareja. En el listado, palabras como una persona cariñosa, atenta, divertida, emocionalmente disponible, atractiva, con quien te puedas sentir a gusto, escuchada y respetada en todo momento, pasarlo bien, satisfecha en todas las necesidades... Seguro que esas cualidades formarían parte de tu listado.

Dependiendo de si eres hombre o mujer, el listado tendría por lo general unos patrones algo diferentes, pero estarán llenos de esas características ideales.

Pero seamos honestos. ¿Cómo han sido tus últimas relaciones? Entre ese listado que has creado de forma consciente y las últimas relaciones que has tenido, estoy seguro de que ha habido unas cuantas diferencias.

Puedes incluso sentir que la selección de pareja sea tu cruzada personal. Ya no sabes si es mala suerte, el karma o que el mercado está lleno solo de despojos y son los que te tocan a ti. Tus últimas relaciones han sido para olvidar.

¿Por qué a mí? ¿Por qué me merezco esto?

Esto no tiene nada que ver con merecer o no merecer. Esto tiene que ver con tu mente inconsciente.

Si te acuerdas, en la pregunta número 1 del libro vimos que tenemos una mente consciente y una mente inconsciente. La mente inconsciente es la que realmente gobierna. En ella están grabadas, entre otras cosas, nuestras memorias, nuestros valores, nuestras creencias. La forma que tú tienes de ver la realidad es a través de esos filtros grabados en tu mente. Aunque tú creas que ves la realidad con los ojos, todo lo que ves está filtrado por nuestra mente, y en esa mente inconsciente se encuentran los filtros.

Los seres humanos somos además animales de hábitos y solemos pivotar sobre lo que consideramos familiar (¿recuerdas en la pregunta número 7 cuando hablamos de la necesidad de certeza?). Te cepillas los dientes de la misma manera, te acuestas en el mismo lado de la cama, practicas sexo de la misma manera, vas al mismo restaurante... Esto es un instinto que nos sirve para la supervivencia. Sin embargo, cuando hablamos sobre relaciones este instinto puede jugar en nuestra contra.

¿Dónde aprendimos lo que es amor?

Cuando éramos unos niños, no teníamos idea de forma consciente de lo que era amor. El amor, como el resto de las emociones, lo vamos aprendiendo con nuestras vivencias.

Cuando eres un bebé no eres capaz de comprender intelectualmente el mundo que te rodea. Tú simplemente lo sientes. Por eso, como te sientes en casa, es lo que después formará el concepto del amor. De hecho, hasta más o menos los siete años de edad nuestra mente no se forma tal y como la tenemos ahora. Hasta ese momento no usamos la mente racional, sino que vamos acumulando información y creando significados en nuestro interior. En otras palabras, vamos llenando nuestra mente inconsciente.

Los niños nacen amando a sus padres y asumen que sus padres les aman a ellos. Por eso, la relación familiar es nuestra figura de amor. No importa si después como adultos analizamos esa infancia y concluimos que para nada ese era un ambiente de amor. Como niños hemos grabado esas referencias de amor en nuestro inconsciente.

Si en casa nuestro padre era una persona muy exigente, que no hacía las tareas domésticas, emocionalmente distante..., esa es la figura que tendremos como referencia.

Dulce hogar

Cuando somos pequeños nuestra casa es nuestro sitio refugio. Repito, da igual que ahora como adultos veamos que no era así. Como niños, *la casa* es lo más seguro que conocemos, donde dormimos, donde comemos, donde  nos sentimos a salvo. O creamos esa primera percepción de seguridad. En definitiva, casa y amor se convierten en sinónimos, puesto que no conocen otras cosas.

Cuando crecemos vamos aprendiendo lo bueno y lo malo. Nuestra mente consciente distingue entre esas cosas y empezamos a dar nuevas definiciones. En ese proceso de crecimiento, la mente consciente va teniendo un significado de lo que debe ser amor. Sin embargo, no eres consciente de que tu inconsciente ya tiene su propia definición.

Conscientemente pensamos que estamos atrayendo a un tipo de personas, pero inconscientemente –que es quien al fin y al cabo gobierna nuestra vida– vas a saber por qué persona te sientes realmente atraído. Sigue otra definición, nuestra definición inconsciente.

¿No te parece curioso que muchas personas acaben saliendo con personas que son muy similares a sus padres o a sus madres? Quizás nunca lo habías pensado, pero seguramente lo has escuchado o lo has dicho tú mismo, eso de eres igualito a mi padre/madre. ¿Curioso?

Cuando decimos conscientemente que queremos amor, tu mente inconsciente empieza el proceso de búsqueda, pero no sigue ese listado ideal que tu mente consciente tiene. Lo que sigue es lo que tu mente inconsciente entiende como amor. Desde ese momento, ese será el filtro con el que veas la realidad y empezarás a sentirte atraído solamente por aquellas personas que cumplan esos requerimientos inconscientes.

Cuando acabamos diciendo que todos los hombres o todas las mujeres son así o asá, de lo que debemos darnos cuenta es de que no es verdad. Es que tu radar interno está activado para encontrar ese tipo de personas. No significa que todos los hombres o mujeres sean así, has encontrado muchas personas que no lo son... ¡Lo que pasa es que no te sientes atraído por ellos!

¿Cómo era tu casa?

Seguro que cuando piensas en tu casa de la niñez te vienen pensamientos positivos y negativos. Pero no es lo positivo lo que nos molesta.

Te propongo el siguiente ejercicio.

Quiero que te centres en los aspectos negativos de la casa de tu niñez. Aprovecha, porque pocas veces te diré que te centres en lo negativo. Quiero que tomes un papel y que escribas en grande la palabra casa. Debajo pon todas y cada una de las asociaciones y pensamientos negativos que te vengan de casa. Si no te viene ninguna, no es que sea perfecta, es que lo estás reprimiendo. Por lo tanto, relájate y haz el ejercicio.

Quizás nadie te escuchaba, te sentías menos que tu hermano o hermana, sentías miedo, no te gustaba el carácter explosivo de alguno de tus padres...

Ponte a escribir qué emociones eran las que tenías de niño en casa, qué es lo que no te gustaba de casa.

Tómate cinco o diez minutos para hacer el ejercicio. Es mejor que no sigas leyendo hasta que lo hagas. *Recuerda, no estás aquí para leer, sino para transformarte.*

Perfecto. Una vez hecho el ejercicio, quiero que borres la palabra CASA y pongas AMOR. ¿Tiene alguna similitud con tu vida sentimental?

Un repaso a tus ex

Pon tus relaciones, aquellas en las que has sentido amor y conexión. Pon todo lo malo, sí, todo lo malo. Qué es lo que no te gustaba de esa pareja o cómo te sentías en esa relación. Señala ahora las palabras que se repitan y observa lo que estás atrayendo.

Es importante ver cuál es el patrón de nuestras exparejas, porque es otra forma de ver cómo está nuestra mente inconsciente.

Y ahora qué

Este capítulo es de vital importancia para darte cuenta de que no es mala suerte. Que no es que te pase algo. Que no se trata de merecer o no merecer. Se trata de cómo tienes calibrada la mente inconsciente.

Para cambiar la mente inconsciente tenemos una pregunta en la parte final del libro.

Libera al REO

Escribe las respuestas en tu cuaderno y observa lo que escribes.

1. **¿Has hecho los ejercicios propuestos en este capítulo? ¿Cuál es tu conclusión sobre el ejercicio de CASA?**

2. **¿Qué patrones ves en tus relaciones pasadas? ¿Qué has aprendido?**

Antes de pasar a la siguiente pregunta, ojea otra vez este capítulo y haz en tu cuaderno las anotaciones que creas convenientes.

19. ¿Cómo puedo volver a enamorarme?

Quizás llevas un tiempo solo y ha llegado el momento de volver a salir del caparazón, de esa armadura que nos hemos puesto para dejar de sufrir. Porque aquí está la ironía: para evitar sufrir nos encorsetamos en esas **barreras invisibles que nadie puede ver, pero que crean desconexión con el resto de la gente.** Y es esa desconexión con la gente lo que te hace querer volver a enamorarte.

En primer lugar, darse cuenta de que no has nacido para estar encerrado. No has nacido para estar encorsetado. Has nacido para amar y radiar amor. No quiero decir que debas tener una relación de pareja, eso es opcional de cada uno. Toda relación debe comenzar siempre con la relación con uno mismo.

> **La forma que tenemos de tratar a los demás es el reflejo de cómo nos tratamos en nuestro interior. Ámate para poder ser amado.**

Quiero que vuelvas a leer esa frase y comprueba si tiene sentido para ti. ¡Hazlo!

¿Cómo amarme?

Pero ¿cómo lo hago? Es una pregunta muy habitual cuando sale este tema con mis clientes. El problema es que se centran en acción y en hacer. La respuesta está en dejar de hacer.

¿Cómo amas a otras personas? Pues centrándote en lo positivo. Eso no significa que en esas personas todo sea positivo. Claro que tienen defectos, pero no pones tu atención en ellos. ¡Los pasas por alto!

Si quieres empezar a amarte, primero tienes que dejar de centrarte en lo que te falta, en lo que no eres suficiente... ¿Por qué? Porque no te falta nada. Eres perfecto tal y como eres. Eres más que suficiente. Y si no te amas a ti mismo, ¿por qué tendría que amarte otra persona?

¿Eres creyente? ¿Crees en Dios? Quizás creas en Jesús, quizás tengas otras creencias religiosas, quizás creas en el universo.

¿Crees realmente? Es lo que suelo preguntar a mis clientes.

La mayoría de las veces me dicen que son creyentes. ¡No me lo creo! Les respondo con cara seria. ¿Qué quieres decir?

Somos creación de Dios, somos creación del Universo... No reconocer esa cualidad en nosotros es no ser creyente.

No tienes que hacer nada para amarte, lo mismo que no haces nada para amar a tus hijos (si es que los tienes y los amas), o a tu familia (si es que la amas) o ¡a tu equipo de futbol!

Es el momento de empezar a ver tu grandeza. Es el momento de aceptación, perdón y reconciliación contigo mismo. **Es el momento de nacer otra vez.**

Si eres de los que les gusta hacer, te dejo uno de mis ejercicios favoritos.

Haz un listado de al menos cien cosas que te gustan de ti. ¿Cien? Sí, cien. Aunque muchas sean repetitivas, deja que las personas cercanas te ayuden y te digan cosas positivas sobre ti.

Quizás quieras saltarte ese ejercicio. Pero déjame que te diga: tu relación con otra persona solamente puede llegar al nivel de amor que te tengas a ti mismo.

Si no, lo que estás buscando es tu media naranja...

¿Por qué quieres una media naranja?

¿No será mejor una naranja entera? Ese concepto que hemos escuchado desde pequeños, la búsqueda de tu media naranja, además de cursi parte

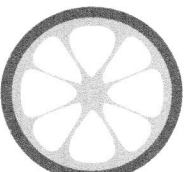

de un error de base. Asume que tú eres una mitad y que algo te falta. Por lo tanto, empiezas la búsqueda de una pareja desde un punto de escasez e inferioridad. **No hay nada que completar. Eres perfecto y estás entero**.

Pareja ideal

Haz un listado de cómo te gustaría que fuese tu pareja. Ahora ya sabes que ese listado es tu listado consciente. Tu listado inconsciente lo hemos visto en la pregunta anterior.

Una vez que tengas ese listado consciente, quiero que taches todas y cada una de las cosas que tú no eres.

Si buscas una pareja que se cuide físicamente, asegúrate que tú te cuidas físicamente. Porque si no, ¿por qué tu pareja va a ser atraída por ti?

Cuando hagas el listado de pareja ideal, evita clichés, evita palabras que son muy bonitas pero no significan nada. Tienes que poner ejemplos concretos para ver cómo vas a darte cuenta de que esa persona cumple esas cosas.

Limpia tu inconsciente

En la última pregunta del libro verás cómo hacemos para sacar nuestro inconsciente y empezar a programarnos.

Mira las creencias que tengas con tener pareja, con las personas del sexo opuesto...

Intención, Atención y No tensión

Estas son las tres palabras clave para atraer cualquier cosa a tu vida.

Todo comienza con poner intención. Con esto lo que estamos haciendo es mandar un comando a nuestro cerebro sobre qué es importante para nosotros. Cuando tu mente sabe lo que realmente es importante empezará a rastrear y a encontrar.

Atención es clave. Millones de oportunidades pasan delante de nuestros ojos, pero no somos capaces de verlas porque no estamos prestando atención. No digas que no a salir de fiesta. No digas que no a nuevos planes. Nunca sabes dónde puedes encontrar a esa persona. Por lo tanto, sal y presta atención.

Pero no le pongas tensión. Cuando ponemos tensión y estamos obsesionados, nuestra mentalidad entra en estado de escasez. Ese miedo a no encontrar, esa ansiedad es captada de forma inconsciente por el resto de las personas. No serás natural y lo más seguro es que repelas a la gente.

Una vez declaradas las intenciones, pon atención y deja fluir.

Liberar al REO

Escribe las respuestas en tu cuaderno y observa lo que escribes.

1. ¿Por qué quieres volver a enamorarte? ¿Qué crees que te va a aportar?

2. Aprende a amarte: Haz un listado de al menos cien cosas que te gustan de ti. ¡Sí, cien! Aunque sean simples cosas. Pide a varias personas cercanas y que te conozcan que te ayuden. ¡Puedes hacer este ejercicio en grupo!

3. Aprende a amarte: Escribe un listado de cinco cosas que te gustan, caprichos que te hacen feliz. Realiza al menos una de ellas.

4. Haz un listado de tu pareja ideal y mira qué características no cumples. No te quedes simplemente con palabras bonitas en el listado. Pon ejemplos de cómo esa persona va a cumplir esas características. Un mal ejemplo es "busco alguien que me entienda". ¿Qué narices significa eso?

5. Ten presente *Intención, Atención y No tensión.*

Antes de pasar a la siguiente pregunta, ojea otra vez este capítulo y haz en tu cuaderno las anotaciones que creas convenientes.

Podcast... ¿Qué? ¡Sí! Los Podcast de Sin Vergüenza De Mí. **Son episodios que se pueden escuchar gratuitamente desde diferentes plataformas.**

Fernando te trae todas las semanas tu receta semanal de desarrollo personal. No dejes de conectarte. Entrevistas con gente inspiradora, consejos, meditaciones... el material que necesitas para vivir una vida bien vivida.

Profundiza en cada una de las 27 preguntas con los episodios del podcast. Fernando desarrolla una a una cada pregunta para profundizar en ellas y ayudarte a dominarla.

¿Cómo escucharlos? Si tienes la tecnología de códigos QR, simplemente escanea la imagen para ir a los episodios del podcast.

Si no estás actualizado con esta tecnología, los podcast los encontrarás en la siguiente página web:

www.sinvergüenzademi.com/podcasts

Además están disponible gratuitamente en plataformas como:

EMOCIÓN

20. No me gusta cómo me siento. ¿Qué puedo hacer?

E l chiste que suelo contar a mis clientes es: **"Pues levántate y siéntate en otra parte"**.

Broma aparte, cuando leas esta y la siguiente pregunta verás cómo ese chiste esconde la respuesta a tu pregunta. Pero para ello necesito elaborarla en estas dos próximas preguntas.

Este es uno de los temas más importantes del libro. ¿Por qué? Porque las emociones son lo que está detrás de todo lo que buscamos.

En todos nuestros objetivos, por muy materiales que sean, **lo que estamos buscando es la sensación que creemos que nos va proporcionar conseguir esos objetivos.**

Si fuese verdad que el dinero, fama… fuesen la receta para sentirse bien, eso significaría que no habría ningún rico y/o famoso triste o deprimido. Sin embargo, todos los años podemos ver en las noticias cómo actores o cantantes famosos acaban quitándose la vida después de años de depresión.

¿Por qué? Pues porque el dinero y la fama son simplemente dinero y fama. No es plenitud.

Recuerda: no te falta nada

Muchas veces pensamos que si no tenemos la vida que queremos es por falta de conocimiento, de habilidad. O algo que tenemos que aprender u obtener.

Los mayores problemas de nuestra vida no vienen por falta de conocimiento o de habilidad, sino porque estamos en un estado emocional incorrecto.

Quiero que vuelvas a leer el párrafo anterior y que compruebes si tiene sentido para ti. ¡Hazlo!

Si te acuerdas de la fórmula de los resultados que compartimos en la sección de los cuatro principios (principio número 1), el estado emocional es el precursor de todas las acciones que hacemos o no hacemos.

Somos seres emocionales

Muchas personas se autocalifican a sí mismas como espirituales. Nunca he entendido muy bien por qué. ¿Acaso el resto de las personas no tienen espíritu? O todos lo somos o ninguno lo es.

Debate aparte, de lo que no hay duda es de que somos seres emocionales.

Las emociones forman el lenguaje no solamente interno, sino nuestro lenguaje universal.

Creemos que nuestra condición humana consiste en abrir los ojos por la mañana, bostezar y ya estamos listos para empezar el día mientras nos tomamos el café y el desayuno. Eso es así si eres un ser humano aficionado. Si quieres rendir bien, así no es como se empiezan los días.

Pero... ¿qué son realmente las emociones?

¿Has pensado qué son las emociones? Sí. Realmente, ¿qué es una emoción? Las emociones no son más que unas sustancias químicas que se generan en tu cerebro. En el hipotálamo, para ser más concreto.

Estas sustancias químicas son transportadas hacia el resto del cuerpo. Es la conexión entre mente y cuerpo.

Lo curioso es que este sistema de comunicación es doble. No solamente tu cerebro habla a tu cuerpo, sino que tu cuerpo también habla a tu mente.

Las emociones se generan internamente, en tu cuerpo. Son generadas por tu cerebro. ¡Son productos bioquímicos!

Las emociones se generan internamente, en tu cuerpo. Son generadas por tu cerebro. ¡Son productos bioquímicos!

¡No, no es una errata del libro! Lo he repetido a propósito y voy a repetirlo hasta que lo interiorices.

Las emociones se generan en nuestro cuerpo y son generadas en nuestro cerebro.

Quiero que leas esas frases otra vez y que pienses lo que quiero trasmitirte. ¡Hazlo!

¿Por qué es tan importante? Porque es como cualquier otra cosa que se genera en tu cuerpo: tu colesterol, tu ácido úrico...

¿Te imaginas que vas al médico y le cuentas que no aguantas a tu jefe porque te hace bajar tus glóbulos rojos?

Te miraría con cara de ¡PERO QUÉ ME ESTÁS CONTANDO!

Lo mismo pasa con las emociones. Nadie puede generarlas por ti. Nadie puede hacerte cambiar tu estado emocional. Nadie puede enfadarte, enojarte... ¡Ni siquiera tu suegra!

¡No conoces a mi suegra!

Da igual qué sea o quién sea. Da igual que sea tu exmarido, tu exmujer, tus hijos, tu vecino ruidoso, el maleducado de tu cuñado, la inoportuna de tu vecina, el partido político X, el hambre en el mundo... Nada, nada puede generarte ninguna emoción.

Cuando dices que odias a una persona, que amas a una persona, que tu trabajo te estresa, que tu vida no tiene pasión... Sea lo que sea, nada es cierto.

Hum, ¿qué quiero decir?

Ninguno se mete en tu cuerpo y le dice a tu cerebro: vamos a generar odio. Vamos a generar frustración. Ahora, un poquito de estrés. **Solamente tú generas esas emociones.**

Mira, vamos a hacer una prueba. Piensa en alguien con quien te llevas mal. En serio, alguien que odies. Quizás es tu ex, tu jefe, alguien de tu infancia. O tu suegro.

¿Estás pensando en ello? ¿No tienes nadie que te hiciera una mala jugada? ¿Alguien que te ha engañado? ¿Un político que te caiga realmente mal? Piensa varios segundos en esa persona.

Bueno, pues mientras piensas en esa persona varias cosas han pasado:

1. **Al recordar a esa persona, ciertas memorias han venido a tu cabeza. Esos pensamientos han generado en tu cerebro una sustancia química y todo tu cuerpo lo ha sentido. Tu cuerpo se ha visto alterado como si lo tuvieras delante. Son tus pensamientos los que han activado las emociones. Tu cerebro no confunde entre realidad e imaginación.**

2. **Esa persona en la que estás pensando está felizmente en su casa y no se ha visto alterada para nada por tu odio.**

Odiar a una persona es como tomarte tú un veneno y esperar que se muera la otra persona. ¡No tiene sentido! Cuando odias, al único que perjudicas es a ti mismo.

Quiero que pienses ahora en alguien que quieras de verdad. Quizás un familiar, una pareja, alguien de hace muchos años. Da igual. Piensa en esa persona unos segundos.

Lo bueno, o malo, es que tu cerebro no distingue entre realidad y ficción. Porque para tu cerebro todo lo que piensa lo experimenta. Por lo tanto, todo lo que pasa por tu cerebro es ¡VERDAD! Su verdad.

Por eso, eres capaz de tener fantasías sexuales y que tu cuerpo se vea afectado sin que la otra persona esté realmente contigo.

Nadie ni nada te puede hacer cambiar tu estado emocional. Es una mera ilusión. **Tú le cedes ese poder. ¿Cómo? A través de tus pensamientos.**

Es el significado que le des a las cosas lo que te hace alterarte. Nunca lo que está pasando. ¡Ni siquiera que corran los niños por el metro!

El metro

Esta historia la leí en uno de mis libros favoritos: *"Los 7 hábitos de la gente altamente efectiva"*, de Steven R Covey. No me acuerdo de los detalles exactos, pero sí del mensaje de esa historia.

Steven cuenta la historia de un padre en el metro de Nueva York. El padre viajaba con sus tres hijos. Los críos no hacían más que gritar en el metro, corrían de un lado a otro, jugaban y gritaban ante el silencio del resto de los pasajeros. La gente del vagón empezaba a estar molesta con los gritos de los críos, pero sobre todo por la pasividad del padre.

Al padre parecía no importarle lo más mínimo el comportamiento de sus hijos.

Cansada por el ruido de los niños, una de las mujeres sentada cerca del padre le empezó a recriminar.

– ¡Menudo mal padre que eres! No te dará vergüenza, tus hijos montando un escándalo y tú sin hacer nada. ¡Qué mal educado!, le gritaba la señora.

El hombre, tras escuchar estas palabras, reaccionó. Volvió en sí y miró a la señora.

– Perdóneme, me he distraído. Acabo de recoger a mis hijos del colegio y estoy pensando cómo voy a contarles que su madre ha fallecido esta mañana en un accidente de tráfico.

Automáticamente, las personas que estaban escuchando esa historia se callaron. Acompañaron al hombre en el sufrimiento. Y en los cinco minutos restantes que duró el viaje, nadie se sintió molesto por los gritos de los niños. Es más, solamente podían sentir tristeza y compasión por esa familia.

Ahora te pregunto: ¿por qué? ¿Por qué un hecho que estaba generando mucho enojo se transformó de repente?

Los niños estaban haciendo el mismo ruido. Por lo tanto, no es el hecho externo, sino el significado que le estaban dando con esa nueva información.

Recuerda: lo que te genera la emoción nunca es el evento externo, sino lo que tú piensas sobre él.

Los componentes de toda emoción

Hemos hablado de que las emociones se activan con los pensamientos. Que es el significado que le das lo que te altera.

Vamos a elaborarlo un poco más. En verdad hay tres elementos que forman parte de la emoción. Tony Robbins lo denomina la TRÍADA, y es la fórmula que vamos a utilizar en la pregunta siguiente para crear cualquier emoción.

Sus componentes son:

1. **La fisiología. Es decir, nuestro lenguaje corporal. Las emociones son el lenguaje del cuerpo, como los pensamientos**

son el lenguaje de la mente. Y cuerpo y mente están en sincronicidad.

2. **El foco.** Donde tenemos puesta nuestra atención. Si vas a una fiesta con tus amigos y al día siguiente les preguntas cómo se lo pasaron, cada persona te contará una historia dependiendo de dónde se centraron. Tu amiga que lo acaba de dejar con el novio y está triste por ello, seguramente solo se fijó en parejas pasándoselo bien. Tu amigo que tiene baja autoestima, quizás no habló con nadie porque no se sentía tan atractivo como los otros chicos ni tenía nada que aportar. Cada persona parece que estuvo en una fiesta diferente. Y así fue. **Donde te focalizas es lo que experimentas.**

3. **El lenguaje.** Nuestro lenguaje interno. O en otras palabras, cómo estamos narrando eso que está pasando. El tipo de palabra que estemos usando. El lenguaje viene a intensificar o a disminuir la experiencia que estamos focalizando.

Toda emoción tiene un patrón de fisiología, foco y lenguaje. Como si fuese una receta de cocina.

La TRÍADA en la realidad

Imagínate que te invito a mi casa. Te digo que en el salón de mi casa hay tres amigos. Uno de ellos está totalmente deprimido, el otro está totalmente eufórico y el otro totalmente relajado.

Sin decirte quién es quién, ¿sabrías distinguir a mis amigos? Sí, simplemente viéndoles actuar, ¿sabrías quién es el deprimido?

He hecho esta pregunta más de quinientas veces a gente diferente y todavía no he encontrado a nadie que me diga que no. Es más, da igual el país o el idioma. ¡Hasta en países como Papúa Nueva Guinea me dijeron que sí!

Cuando les solicitaba después que me dijeran el lenguaje corporal de la persona deprimida, lo curioso es que todas las personas me lo describían igual: *mirada hacia abajo, cuerpo no tenso, hombros caídos, movimientos lentos...*

Cuando les preguntaba qué creen que pasaría por su cabeza, cuál sería su diálogo interior, toda la gente me dijo cosas similares: *¿por qué me sale todo mal?, ¿qué hago aquí?, no sirvo para nada...*

Esto es así porque **las emociones son universales**. Las emociones son el lenguaje del cuerpo como los pensamientos son el lenguaje de la mente.

Hay patrones que son incompatibles. Por ejemplo, es imposible estar deprimido y saltar a la vez, o estar deprimido y hacer fuerza con tu puño. Durante esos segundos que lo estás haciendo, dejas ese estado emocional y te pasas a otro.

El problema es que cuando dejas de hacerlo, regresas otra vez al estado emocional antiguo y los síntomas de la depresión vuelven.

Cuando me encuentro a personas con síntomas de depresión, a pesar de que no trabaje con ese colectivo, pues no es mi clientela, la pregunta que les hago es: ¿cómo haces la depresión?

Esta pregunta genera unos minutos de confusión, pues según ellos la depresión es algo que se tiene y no que haces.

Recuerda, **la emociones son el resultado de tres ingredientes: tu lenguaje corporal, en qué te estás centrando y qué lenguaje interno usas en esa situación.**

Cambia tu forma de sentirte

Como te conté al principio de la pregunta, esta sección es vital. Aquí de lo único que quiero que seas consciente es de que tú eres responsable al cien por cien de tu forma de sentirte.

Nada externo es lo que te hace sentir de esa manera.

Es la historia que te estás contando repetidamente lo que te está haciendo tener las mismas emociones. Eres tú quien se crea el estado emocional en el que estás.

Si no te gusta lo que estás sintiendo debemos dejar ese estado emocional y movernos hacia donde queremos sentirnos.

En la siguiente pregunta veremos cómo usar la TRÍADA para generar emociones bajo demanda.

Liberar al REO

Escribe las respuestas en tu cuaderno y observa lo que escribes.

1. ¿Cuáles son las emociones que más tienes en tu día a día? Escribe en un listado las emociones que más experimentas. ¿Qué emoción es la que más experimentas pero te gustaría cambiarla?

2. Escribe las dos o tres emociones principales que más sientes y no te gustan. Escribe eventos diarios que pasen en tu día *que te hagan* sentir esa emoción.

3. Recuerda una de esas emociones que no te gustan. Una que hayas experimentado de forma reciente. Mientras recuerdas, quiero que escribas: ¿Cómo era tu fisiología? ¿En qué te estabas focalizando? ¿Qué lenguaje es el que estabas usando?

4. ¿Qué emoción te gustaría tener? Haz un listado de cosas que te hagan sentir esa emoción. Anótalas en el calendario para empezar a cambiar tus experiencias emocionales.

Antes de pasar a la siguiente pregunta, ojea otra vez este capítulo y haz en tu cuaderno las anotaciones que creas convenientes.

21. ¿Cómo cambiar mis emociones?

El control emocional es sin duda una de las habilidades que vas a tener que dominar para vivir una vida de diseño. Es uno de los factores que diferencian al ser humano profesional con el ser humano aficionado.

El ser humano profesional genera sus emociones. El aficionado cree que las emociones le vienen de fuera por cosas externas.

Al leer la pregunta anterior, detallamos la TRÍADA y los factores que son los que generan cada emoción. Esto te ayudará a empezar a incrementar tu inteligencia emocional.

La inteligencia emocional es un término que empezó a usarse con más fuerza a partir de finales del siglo pasado. El escritor americano Daniel Goleman y su famoso libro *"Inteligencia Emocional"* acuñaron esta expresión como medida alternativa a los test de inteligencia.

La habilidad que tengas para reconocer y actuar sobre tus emociones y las emociones de otras personas es una de las claves del buen progreso en tu carrera profesional y personal.

En este capítulo voy a enseñarte una de las técnicas más poderosas que puedes encontrar en el mercado. Puedes literalmente generar cualquier emoción en pocos minutos, pero para ello hay ciertas cosas que tengo que contarte.

Para este capítulo te recomiendo que acudas a la página web www.sin-verguenzademi.com y en la sección de podcast te descargues gratuitamente el episodio 10. Escucha ese episodio antes de leer este capítulo para poder comprenderlo aún mucho mejor.

¡Ve a la página web y descárgate el episodio!

No hay emociones negativas ni positivas

Me gustaría eliminar del vocabulario emociones positivas y emociones negativas. Las emociones no son ni una cosa ni otra. Son simplemente mensajes, y como tales tienen un significado.

Las emociones que tenemos está bien tenerlas. Las experimentamos, aprendemos el mensaje y actuamos en consecuencia.

La envidia, por ejemplo, es una emoción que puede ser muy bonita y poderosa. La envidia, si la canalizas bien, puede enseñarte muchas cosas. Por ejemplo, dime a quién o qué envidias y te mostrará el camino sobre lo que estás buscando. En ese momento vas convirtiéndolo en admiración.

Siempre feliz

Es común que mis clientes vengan porque quieren estar siempre felices, o siempre con pasión... No puedes vivir 24 horas al día con confianza, con pasión, con felicidad. Por ejemplo, la duda es un gran estado emocional. **Cuando dudas te cuestionas cosas y cuando te cuestionas cosas puedes realmente ir más allá**.

Yo veo los estados emocionales como superpoderes que tenemos los seres humanos. ¡Sí, como Superman!

Superman versus Clark Kent

Si conoces algo de los superhéroes, sabrás que Superman no es Superman las 24 horas del día.

Clark Kent es una persona normal, uno más de los numerosos habitantes de su ciudad. Pero cuando la ocasión lo requiere, tiene que dejar de ser Clark Kent y convertirse en otra persona. En su caso, en Superman.

Para ello, tiene su ritual. Ya sabes: se quita las gafas, se pone las mallas y los calzoncillos para fuera. Pone los brazos en jarra y se convierte en el superhombre.

Es cuando Clark Kent hace ese ritual que deja de ser Clark y se convierte en Superman. Clark Kent no es Superman, Superman no es Clark Kent aunque ambos son lo mismo.

Ese concepto es el mismo concepto que quiero que interiorices. **Dentro de ti están todos los estados emocionales, todas las emociones que necesitas** para vivir de forma más plena una situación. Simplemente tenemos que saber sacarlas en el momento adecuado.

Repito, no significa que tengas que tener pasión, confianza... las 24 horas del día. Simplemente, al igual que Clark, saber cuándo tienes que usar esos poderes.

Rompe tu patrón

Antes de crear un estado emocional, **lo primero que tienes que hacer es dejar el estado emocional en el que te encuentras**. Es decir, pasar de tristeza a alegría de forma instantánea es difícil y contraproducente.

Lo primero que tendrías que hacer es volver a un estado neutro. ¿Cómo?

¿Te acuerdas cuáles son los tres elementos de las emociones? Fisiología, Foco y Lenguaje.

El que es más fácil de cambiar es la fisiología. Cuando te encuentras trabajando y ves que estás bloqueado, ¿qué haces? Lo más normal es que te levantes y des un paseo, o te levantes y vayas a por agua. Simplemente el hecho de levantarte va a cambiar la bioquímica de tu cuerpo y te va a despejar mentalmente.

Cuando me encuentro en un estado emocional de baja energía y necesito empezar a subir revoluciones, lo primero que hago es ¡SALTAR! Sí, cuando te pones a saltar y a mover tu cuerpo vas notando cómo la energía empieza a subirse.

Otra cosa que puedes hacer es ponerte música. Todos tenemos esas canciones que al escucharlas nos generan determinadas emociones.

Si alguna vez has estado en un evento de desarrollo personal, notarás que durante el mismo, tus niveles de energía están por las nubes. ¿Por qué? Porque los organizadores te van a hacer moverte. Van a ponerte música y obligarte a mover el cuerpo. Van a hacer que grites varias frases. Y toda esa combinación te hará empezar a subir energía.

Romper el patrón en el que estás es tu primer paso. Es como si le das a stop en el mando de la televisión.

NETFLIX

Cuando estás viendo una película en Netflix y es una película triste, lo que me quieres decir es que la historia que está pasando es triste. No puede haber una película triste sin una historia triste.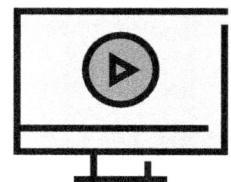

Si no te gusta lo que ves, ¿qué haces? Pues primero darle al stop y después buscar otra película y empezar a ver esa nueva.

Esto mismo es lo que te estoy contando. Si no te gusta el estado emocional en el que estás, eso es porque tienes una historia en tu cabeza que está alineada con la emoción. Primero tienes que parar —como hemos visto en la sección anterior— y después tienes que escoger cómo quieres sentirte.

Y para ello, necesitarás La TRÍADA.

La TRÍADA

Quiero que elijas una de las emociones que te gustaría fabricar. Ponle nombre. No hagas como con los helados de bolas y me digas que quieres pasión, con confianza, pero sin estrés y un trocito de compasión.

Es más fácil que practiquemos con una simple. Si me vas a decir una combinada o rara, la única excepción es que anteriormente hayas experimentado esa sensación o que conozcas a alguien que para ti lo represente. Pero como digo, es mejor que practiquemos con una sencilla.

A poder ser quiero que te levantes, así te hago cambiar de fisiología, que si estás sentado quizás te estés durmiendo. Piensa en un momento en tu vida en el que experimentaste esa emoción. Busca en tu memoria un momento en el que la viviste a un nivel 10 sobre 10, o el máximo nivel que puedas recordar. Es decir, si has seleccionado que quieres pasión, busca en tus memorias un momento donde experimentaste pasión a nivel máximo.

Con los ojos cerrados quiero que te visualices, que te veas en ese momento, como si te vieras en una película y fueses capaz de describirte. Descríbete de tal manera que una persona al escuchar tu descripción pudiese replicar tu cuerpo.

Ahora quiero que con los ojos todavía cerrados pienses lo que estabas pensando en ese momento. ¿Qué es lo que te decías? Que te digas en alto las cosas que pasaban por tu cabeza.

Quiero que mires el lenguaje y la voz interna que tenías en ese momento.

Quiero que le pongas un nombre a ese estadio emocional.

Ahora simplemente escribe lo que recuerdes.

Es mejor hacer este ejercicio en persona, pero si lo haces tú solo y sigues los pasos también es efectivo.

Este ejercicio lo uso personalmente mucho. Por ejemplo, yo me creé una TRÍADA para cada vez que hago una sesión de coaching. Tengo en la oficina una hoja en la que hay dibujado un triángulo y tengo apuntados mi fisiología, mi lenguaje y mi foco. Antes de cada sesión de coaching, dedico dos minutos a leer ese documento y generar la emoción. Lo he hecho miles y miles de veces ya. Por lo tanto, me es más fácil estar en esa emoción.

Yo no acudo a las sesiones de coaching como Fernando, sino como Mr. Coach. Y si me vieras ahora, verías cómo al decir Mr. Coach mi cuerpo ha cambiado de postura, mi mente ha cambiado el foco y estoy listo para hacer una sesión de coaching.

Como digo, esto me pasa porque lo he practicado miles de veces. Pero al principio seguí el principio americano de...

Esto es lo que tengo apuntado en mi despacho para recordar mi TRÍADA de Coach.

- **Fisiología:** Sonriendo, hombros rectos, flexibilidad, mirada centrada, mirando al frente...

- **Foco:** En las posibilidades del cliente, en la grandeza de la persona que tengo delante, en sus sueños...

- **Lenguaje:** Soy el coach que necesitas en este momento, siempre hay una forma de conseguirlo, todos mis clientes desatan su grandeza, pasión-calma-gratitud, cada sueño que trabajamos lo logramos, es mi cliente favorito, crezco con el cliente, cada sesión me hace mejor coach...

No quiero decir que mi TRÍADA te funcione a ti. Es más, ya te digo que no te funcionará. La de cada uno puede que sea única. Esa es la receta mía, para crear el estado emocional que quiero tener cuando estoy en una sesión de coaching.

"Fake it till you make it"

Ahora que has hecho el ejercicio no te creas que ya te va a servir para el resto de tu vida. Al igual que calientas todos los días que haces deporte, tienes que calentar y repetir este ejercicio todos los días.

Los ingleses tienen la expresión *fake it till you make it*, que viene a decir que lo practiques una y otra vez. Que lo aparentes hasta que realmente te conviertas en él.

Hemos aprendido en la primera pregunta que para que haya un cambio debe haber nuevas conexiones neuronales y estas se crean con repetición.

Antes de hacer alguna sesión de coaching, reviso mi TRÍADA de coach. Durante dos minutos leo mi papel, cambio mi postura y dejo de ser Fernando para convertirme en el coach. Hay días en los que puedo practicarlo más de diez veces y llevo varios años haciéndolo. ¡Como te podrás imaginar ya es parte de mí!

Liberar al REO

Escribe las respuestas en tu cuaderno y observa lo que escribes.

1. **Romper patrones que no nos sirven.** Hazte un plan de emergencia para que cada vez que estés en una emoción que no te sirva puedas salir de ella. Por ejemplo, ¿qué música quieres ponerte para salir de ella? ¿Qué acción quieres hacer: pasear, llamar a amigos, hacer ejercicio...? Ten ese plan de emergencia escrito en tu escritorio y comprométete a seguirlo. Aunque no te apetezca. ¡Lo más seguro es que no te apetezca hacerlo!

2. **Generando emociones:** ¿Qué emoción te gustaría practicar? Piensa en una emoción que quieres crear y que vayamos a crear la TRÍADA. Sigue las instrucciones de este capítulo.

3. **Escribe tu TRÍADA en un papel y tenlo visible.**

4. **Comprométete en practicarlo por lo menos varias veces al día. Apuntalo como ritual para los próximos siete días.**

Antes de pasar a la siguiente pregunta, ojea otra vez este capítulo y haz en tu cuaderno las anotaciones que creas convenientes.

22. ¿Cómo generar más confianza?

Mucha gente cree que si solamente tuviera más confianza las cosas le irían mucho mejor. Bueno, si es así, ¿por qué no la tienen?

En serio, si creen que la confianza es la clave para todo, ¿cómo es que no la tienen?

Pues déjame que te dé mi respuesta. **La mayoría de las personas no la tienen porque andan buscándola fuera.** Porque creen que tienen que hacer algo. Que algo externo es lo que les va a dar esa confianza. Normalmente lo que están buscando es ser buenos en aquello que quieren, para luego tener confianza.

Pero déjame preguntarte: ¿sabías caminar cuando de bebé te pusiste de pié por primera vez? ¿Sabías hablar cuando empezaste hablar? ¿Sabías dibujar cuando empezaste a dibujar de pequeño? ¿Sabías jugar cuando empezaste a jugar?

Ya te respondo yo. ¡No tenias ni idea! Pero nadie te borraba la sonrisa y las ganas.

En las preguntas anteriores vimos la TRÍADA y cómo toda emoción se genera internamente. Lo que necesitamos es obtener cuáles deben ser tu lenguaje corporal, tu foco y el lenguaje que debes usar para generar confianza.

Pero antes... no confundamos

Hay gente que confunde confianza con competencia. Son dos cosas muy distintas, pero que la gente mete en el mismo saco.

La confianza no es la solución para hacer bien las cosas. **Tiene que haber confianza y competencia en todo lo que haces**.

Yo tengo mucha confianza en mí mismo. Es una sensación que no solía experimentar en el pasado, pero cuando interioricé cómo generar emociones y me puse a practicar mi TRÍADA, comprobé cómo era capaz de generar confianza rápidamente. Pero eso no quiere decir que haga todo bien, que sea el mejor en todo o algo parecido. Es más, ¡muy lejos de la realidad!

Por ponerte un ejemplo obvio. Por mucho que fabrique confianza, si me pongo a correr con el jamaicano Usain Bolt no importan los años que lleve retirado. Ese hombre me va a ganar SIEMPRE. ¿Por qué? Porque él tiene confianza y competencia. Usain Bolt sabe lo que está haciendo. Lo ha hecho muchas veces y lo tiene interiorizado. ¡Él es un campeón mundial! Y yo no corro ni por perder el tren.

Cuando empecé en el mundo del coaching, pues lógicamente no tenia ni idea de cómo hacer sesiones. Por mucho que estudiara, nunca las había hecho antes. Pero recuerdo que me daba igual no saber. Nadie me borraba mi sonrisa ni mis ganas de mejorar sesión a sesión.

El problema es que muchas personas no se permiten ganar competencia porque no tienen confianza. **No se permiten ser competentes porque no se permiten ser incompetentes primero y evolucionar.** Quieren ser expertos nadadores antes de haber saltado a la piscina por primera vez.

Si alguien puede, tú también

Este es uno de mis mantras en la vida. Si hay alguien que ha conseguido algo, eso significa que es posible y que yo con ese nivel de mentalidad y práctica puedo conseguirlo.

Con curiosidad, trabajo y una gran razón para querer algo, la gran mayoría de las cosas se consiguen antes o después.

Uno de mis libros favoritos es *"Fuera de serie"*, del periodista canadiense Malcolm Gladwell. El autor nos habla sobre el concepto de las 10.000 horas. Esas son las horas que se necesitan para poder dominar una materia a nivel experto. El autor elimina el mito del talento y demuestra con datos estadísticos e historias de personajes famosos cómo y por qué llegaron a dominar su materia. Incluso en áreas como la música y el deporte, ese mito del talento está sobreestimado.

Albert Einstein decía que los genios son 1 por ciento talento y 99 por ciento trabajo duro. Podríamos hacerle caso a nuestro amigo Albert, que algo sabía.

Recuerda: no hay ninguna razón para no tener confianza

No tener resultados no es motivo de falta de confianza. Si no tienes los resultados esperados se puede deber a no estar aplicando bien la estrategia o no haberle dado el tiempo suficiente para que esos frutos aparezcan.

Crea tu propia confianza

Como decíamos al principio, en la pregunta anterior vimos cómo puedes crear cualquier emoción en breves minutos. Revisa la pregunta anterior y céntrate en crear confianza. ¡Crea una TRÍADA para confianza!

Voy a ayudarte con esta TRÍADA. Como ya sabes, tenemos que centrarnos en varios elementos: fisiología, focalización y lenguaje. Vamos por partes.

Fisiología: la postura de la confianza

La psicóloga americana Amy Cuddy, profesora en las universidades de Princeton y Harvard, publicó un estudio sorprendente hace unos años.

Su estudio se centraba en la confianza. Tras numerosos años de estudios y observaciones, se dio cuenta de que la fisiología tiene una gran importancia en cuanto a la creación de emociones. Bueno, no es nada sorprendente. ¡Eso ya lo sabíamos nosotros!

Lo que ella demostró científicamente es cómo el cambio de una postura puede hacer cambiar tu bioquímica interna.

Ella lo denominó *"la pose del poder"*. Básicamente, esta pose es como Superman o Wonderwoman de pie, con los brazos en jarra y mirando de frente. Pues bien, si mantenías esa pose por dos minutos se producían los siguientes resultados: un incremento en los niveles de testosterona de un 20 por ciento, una reducción de la hormona del estrés –cortisol– en un 25 por ciento y un incremente a la tolerancia al riesgo en un 33 por ciento.

¿No te parece fascinante? ¡Con dos minutos puedes cambiar tu interior de forma radical!

Pero en vez de contártelo, quiero que lo experimentes. Si primero quieres escuchar su famosa charla *TED Talk* en YouTube, puedes hacerlo (busca en Google *Amy Cuddy Ted Talk en Español* y visualiza el vídeo).

Focalización y lenguaje

Cada persona tiene una focalización y lenguaje diferente. Es decir, cuanto estás en el momento de confianza en lo que haces, seguro que usas palabras, expresiones que solamente resuenan contigo. Aun así quería dejarte una serie de frases que pueden servirte para generar confianza. Estas frases, o afirmaciones, solamente funcionan si las crees al cien por cien y si además tienes la postura de la confianza.

Vamos a por ello. Quiero que te levantes –no esperes tener confianza tumbado en la cama y bostezando– y que pongas la postura del poder. Después de dos minutos de la postura del poder, empieza a decir las siguientes frases apretando los puños:

- **"Confianza es mi apellido".**

- **"Todo el mundo comienza sin saber. Aprender es mi misión".**

- **"Esto me hace crecer".**

- **"Cada día me siento más fuerte y confiado".**

- **"La acción es el antídoto del miedo".**

- **"Soy único, me siento orgulloso de quien soy. Soy capaz de hacer cualquier cosa".**

- **"Inhalo confianza y exhalo miedo".**

Por varios minutos simplemente deja que la confianza se adueñe de tu cuerpo. Siente que eres capaz de todo. Siente tu poder de aprendizaje, tu capacidad de superación. Si es necesario cierra los ojos y siente lo que tu cuerpo esté experimentando ahora mismo.

¿Y si no experimento nada? No tienes por qué experimentar nada en concreto. Pero simplemente cuando haces este ejercicio asegúrate de que no estás focalizado o usas expresiones como "qué ridículo ejercicio", "esto no funciona", "pues yo no siento nada", "si me viese mi pareja me diría que estoy loco", "¡Madre mía, por qué estoy haciendo esto!"... Créeme, si es en eso donde te estás focalizando, ¡NO ESTÁS HACIENDO EL EJERCICIO! Y aunque te quiera igualmente, mi amor no va a darte los resultados que buscas.

Entrena

Porque vayas un día al gimnasio no vas a tener abdominales marcados para siempre. Lo mismo pasa con estos ejercicios. Cada vez que quieras tener confianza vas a tener que repetir el ejercicio. Día tras día verás cómo será más fácil y conectarás mucho más rápido.

Ya te conté mi TRÍADA como coach. ¡Hay días que lo practico quince veces! Cada vez que hago una sesión uno a uno con mis clientes lo hago. ¿Por qué? Porque es ahí cuando tengo que sacar la confianza.

Por eso practica tu TRÍADA de la confianza todos los días. Tenlo cerca de ti. Así podrá salir cuando realmente la necesitas.

Libera al REO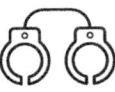

Escribe las respuestas en tu cuaderno y observa lo que escribes.

1. Crea tu propia TRÍADA de confianza. Revisa el capítulo anterior para saber más sobre cómo se crea la propia TRÍADA.

2. Durante varios minutos quiero que practiques la pose del poder y las afirmaciones que has encontrado en este capítulo o bien aquellas que conecten contigo. Levántate y con los brazos en jarra y mirada recta mantén la figura. Mientras mantienes esa postura, piensa en alguno de los problemas que tengas para ver los efectos que se producen dentro de ti.

3. Escribe esas frases en pósit o cualquier material para apuntar notas. Quiero que estén bien visibles en el cuarto de baño, habitación, oficina, donde sea.

4. La ducha de la confianza. Durante los próximos siete días, cuando te estés duchando practica tu TRÍADA. Pon la postura del poder, practica tus afirmaciones y cuando tengas confianza... visualiza tu día, para salir de la ducha con la certeza de que puedes con todo.

Antes de pasar a la siguiente pregunta, ojea otra vez este capítulo y haz en tu cuaderno las anotaciones que creas convenientes.

23. ¿Cómo superar el Miedo?

E l miedo es lo que está detrás de todos los sueños rotos. El miedo es lo que está detrás de todas nuestras parálisis. El miedo es lo que nos hace poner excusas, el miedo es lo que nos corta la vida...

¿Miedo a qué? podrás preguntarte. La verdad es que da igual. El miedo puede tener muchos nombres y apellidos, pero en realidad es exactamente lo mismo. Si lo llevamos a su última esencia podríamos hablar de tres miedos universales:

Miedo a no ser amado, miedo a no ser aceptado (ser rechazado) y miedo a no sentirse suficiente.

Incluso lo podría resumir en su mínima expresión: miedo a terminar sufriendo y quedarnos en ese estado de sufrimiento permanente.

El miedo habita detrás de todo lo conocido, puesto que tras lo conocido se encuentra la posibilidad de sufrimiento. Los que tienen una necesidad por tenerlo todo controlado suelen tener más miedos. Como digo, se teme a lo desconocido, al qué van a pasar y si en esa zona desconocida van a sufrir y se van a quedar estancados ahí.

Con un par de... coraje

Mucha gente que vienen a mis sesiones quieren tener más coraje. ¡Fernando, solamente quiero tener coraje para afrontar los cambios de mi vida!

La gran mayoría de la gente entiende *coraje* como la ausencia de miedo, cuando no es del todo cierto. **¡El coraje es sentir miedo y actuar a pesar de él!**

Piensa en profesiones donde arriesgan de verdad sus vidas. ¿Crees que cuando el ejército está en una misión bélica no pasa miedo? ¿Crees que la policía no tiene miedo cuando arriesga su vida de forma habitual? Por supuesto que lo tienen, pero como digo han cambiado ese miedo por respeto al peligro y actúan a pesar de ese peligro.

Siente el miedo y hazlo igual

Uno de mis libros favoritos es *"Siente el Miedo y hazlo igual"*, de Susan Jefferson. Un libro cuya lectura te recomiendo.

Básicamente, lo que nos cuenta es que sientes el miedo y, a pesar de lo que puedas sentir, actúas. ¡Si no díselo al jefe!

Bruce Springsteen, "the BOSS"

Recuerdo uno de los eventos de Tony Robbins en Australia. Durante seis días, 3.000 personas se reunían para trabajar durante más de catorce horas al día en el proceso de transformación interna. El evento se llama *"Cita con el destino"*.

En uno de los días, Tony hizo una pregunta que dejó al auditorio helado. ¿Quién de aquí tiene pensamientos suicidas?

Nos contó que con tantas personas en la sala, solo por estadística, debería haber una media de ocho o nueve personas. Por lo tanto quería conocerlos.

Ante unos segundos de silencio incómodo, una chica tímidamente levantó la mano. Su cara reflejaba dolor y sufrimiento. Ante la ovación de la gente por su atrevimiento y ganas de cambiar la situación, nos contó la situación.

Era prácticamente la primera vez que salía de casa en cuatro años. Su hermana le había obligado a salir y le había traído al seminario.

Llevaba más de diez años en depresión clínica y desde los últimos cuatro no salía de casa. Ya no podía más. Su vida, según ella, era un infierno.

Uno de los problemas de esta chica es que tenía pánico a salir a la calle. Tony le preguntó qué es lo que le pasaba cada vez que intentaba salir de casa. Quería saber qué fisiología, qué foco y lenguaje eran los que creaba para estar en tal estado emocional.

– Tony, cuando me acerco todos los días a la puerta de mi casa siento una gran agitación del corazón, sudor frío, temblor de voz, la visión se me empieza a nublar…

– ¿Y qué te dices cuando eso ocurre?, preguntó Tony. ¿Cuál es ese diálogo interno?

– ¡Que me voy a morir y que no estoy preparada para salir!, dijo la chica.

El dolor de la mujer era muy evidente en su rostro. Vivía presa en sí, en sus miedos y ansiedades extremas.

Tony, conmovido por lo que veía y escuchaba, nos contó una historia.

Hace unos años acudió a un concierto del cantante americano Bruce Springsteen, ¡el Jefe! Más de 60.000 personas estaban gritando su nombre. Tony había sido invitado para estar en el camerino con Bruce. Ante la fascinación de esa energía y el ruido del ambiente –todo el mundo aclamando al Jefe, gritando su nombre, cantando las canciones–, Tony le preguntó que cómo se sentía antes del concierto. Esa sensación debería ser mágica.

"Claro que lo es", dijo Bruce sonriendo y con los pelos de punta.

– Te voy a contar una cosa, Tony. Cuando llego al escenario, antes de subir, ¿sabes lo que me pasa?

– Cuando estoy a unos minutos de subir, y siento a miles y miles de personas gritando mi nombre, gente que ha pagado mucho dinero para estar aquí... Justo antes de salir al escenario, mi corazón empieza a agitarse, un sudor frío corre por mi frente, la voz empieza a temblarme, la visión se me nubla...

— ¿Y qué te dices en ese momento?, preguntó Tony con asombro.

— Tony, en ese momento me digo: **¡Estoy preparado, soy el Jefe!**

¿Y entonces qué?

Aunque los miedos tienen muchos nombres y máscaras.

Miedo al fracaso, miedo al éxito, miedo al qué dirán, miedo a defraudar, miedo a no ser lo suficientemente bueno, miedo a dar todo de ti y aun así no conseguir lo que te propones...

Como te conté al principio, si lo resumimos en su esencia se centra en miedo al sufrimiento y miedo a no saber qué hacer.

Nos paralizamos porque no sabemos si eso que queremos hacer va a desencadenar una situación que nos vaya a poner en sufrimiento. Y ante esa incertidumbre, nuestra mente, que es nuestra gran guardiana, prefiere no hacer, no arriesgar.

Entiendo que a nadie le gusta sufrir de forma gratuita. Pero **si por cualquier caso no te saliera bien lo que quieres hacer, ¿entonces qué?**

En serio, respóndete a esa pregunta. ¿Qué pasa si eso a lo que tienes miedo ocurre? Por supuesto que no te gustaría que te pasara. Pero si pasa, ¿entonces qué?

Parece una pregunta fría. Pero si nos sentamos y somos capaces de observar qué puede pasar después, vamos a crear una visión de una nueva posibilidad.

Ahora te estás convirtiendo en un experto en mentalidad y te acuerdas de la pregunta número 7, en la que hablábamos sobre las necesidades del ser humano (certeza, incertidumbre, amor/conexión, significancia, crecimiento y contribución).

Lo que quiero provocar con la pregunta *¿y entonces qué?* es que seas capaz de visualizar qué pasaría después. Eso te va a dar una sensación de certeza. Por tanto, los niveles de incertidumbre bajan y ese miedo descontrolado se empieza a convertir en respeto.

Recuerda que el miedo es una mera ilusión de tu mente. Una trampa, porque quiere mantenerte a salvo. El miedo marca los límites de la zona de lo conocido. Pero **el miedo es hipotético, es irreal. El peligro es real.** Es a los peligros a los que hay que tenerles respeto.

Hay personas que tienen miedo a volar en avión, aunque saben que es más probable que les toque la lotería a que les pase algo en un avión. Y no he visto a nadie comprar un billete de lotería y ponerse a llorar de alegría y dar saltos de emoción porque cree que le va a tocar la lotería.

Todo es superable

Esa es mi creencia. Esa es la creencia que adopté y guía mi vida. Sea lo que sea, pase lo que pase. Todo, absolutamente todo, se puede superar. Gustará más, gustará menos, pero todo es superable.

Libera al REO

Escribe las respuestas en tu cuaderno y observa lo que escribes.

1. ¿Qué acción no estás tomando debido al miedo? ¿Es un miedo concreto o quizás un miedo genérico? Quiero que durante cinco minutos mires a tu miedo a los ojos, que lo sientas en el cuerpo, que veas si es real o es una mera posibilidad remota.

2. ¿Qué historia te estás contando para alimentar a ese miedo?

3. Escribe en grande: "TODO ES SUPERABLE. PUEDO CON TODO". Mantenlo en un lugar visible. Repítelo varias veces al día. ¿Por cuánto tiempo? Hasta que empieces a notar que lo crees de verdad. Quizás tardes unos pocos minutos, quizás más.

4. ¿Y entonces qué? ¿Qué pasaría si ese miedo que te tiene paralizado se convierte en real? ¿Qué harías? ¿Cómo saldrías de ahí? ¿Qué opciones tienes para seguir adelante?

Antes de pasar a la siguiente pregunta, ojea otra vez este capítulo y haz en tu cuaderno las anotaciones que creas convenientes.

24. ¿Cómo ser un "Sin Vergüenza De Mí"?

Son muchas las personas que empiezan a seguir la cuenta de *Sin Vergüenza De Mí* atraídos por el nombre.

Sin Vergüenza de mí/ti no trata de potenciar tu carácter extrovertido y descuidado hacia la vida. **Significa amarse incondicionalmente**, aceptando el momento en el que estás como una parada más de tu viaje personal.

¿Qué debo hacer para no tener vergüenza de mí mismo? ¿Cómo puedo hacerlo? Más que HACER, ya sabes, **se trata de quién tienes que SER y por lo tanto qué debes o no debes CREER**.

¡Esta es una lección que tardé más de veinte años en aprender!

A la edad de diez años, con la muerte de mi abuelo algo se fue con él. Ese choque de la realidad se convirtió en el final de mi infancia y el comienzo de la adolescencia. Un periodo de mi vida en el que me puse todo tipo de caretas y máscaras con el fin de no sufrir. ¡Tenía tantas caretas sociales que cada día del año parecía carnaval!

Con el paso del tiempo, la desconexión en mí se hizo cada vez más grande. Poco a poco perdí mi esencia y pasados unos años al pensar en mi infancia solo quedaba un recuerdo como la fase más feliz de mi vida. Muchas noches solo pedía poder volver a sentirme vivo, sentirme como cuando era un niño.

No fue hasta bien pasados los 30 años cuando pude dar un giro a mi vida de 180 grados. ¡Justo cuando empecé con mi viaje interior! Si me preguntas ahora cuál es el periodo más feliz de mi vida, te diría que el actual sin dudarlo. No es que sea perfecto, pero no cambio mi presente por nada en el mundo.

Voy a compartir contigo mi receta personal que adopté para amarme incondicionalmente y volver a conectar con mi esencia. Esta receta ha ayudado a muchas personas y por eso la comparto contigo.

Empieza con el perdón

¿Perdón a qué? ¿Perdón a quién? El perdón a uno mismo. Porque sin perdón hay sentimiento de culpa y con culpa se deja la puerta abierta a la vergüenza de ser quien eres.

Tú bien sabes por qué tienes que perdonarte.

Perdón por haberte perdido, perdón por haberte abandonado. Perdón por haber escuchado a otros, perdón por no haberte escuchado. Perdón por no haberte querido, perdón por haber querido ser otro. Perdón por no ser orgulloso de ti, perdón por sentir vergüenza. Perdón por todo aquello que hiciste, perdón por todo aquello que no hiciste. Perdón por haber aguantado más de la cuenta, perdón por no haber aguantado. Perdón por no haber pedido ayuda antes, perdón por haber pedido ayuda y no enfrentarlo tú mismo... Tú bien sabes que debes perdonarte.

El perdón se encuentra con la creencia de saber con absoluta certeza que **en todo momento estás haciendo lo mejor que puedes con los recursos que tienes**.

Vuelve a leer esa frase y analiza qué significa para ti. ¡Hazlo!

Cualquier persona en tus mismas condiciones y con los mismos recursos que tú tuviste hubiera hecho exactamente lo mismo. Da igual lo que pasara, da igual lo que hiciste.

El enemigo del perdón es un tiempo verbal que no uso y no soporto. Ese es el *si hubiera o hubiese*. **¡No lo uses! Es una fantasía y te aleja del presente y del perdón.**

Lo que hiciste, lo hiciste porque en ese momento, con lo que tú creías, con la información que tenías, con tu sabiduría de aquel momento, decidiste que la mejor opción era hacer lo que hiciste. ¡Y era lo correcto en ese momento! Por supuesto que después, incluso un segundo después, viendo las consecuencias de las acciones, con más información, en definitiva con otros recursos, harías algo diferente. ¡Pero eso ahora es irrelevante!

Acepta que estás en tu viaje personal y que estás aquí para aprender.

Tenía que pasar como pasó

Mi creencia, y esto es simplemente una creencia personal, es que antes de nacer nosotros elegimos a nuestros padres, elegimos a nuestros amigos (por eso yo no hago amigos, yo los reconozco) y acordamos con nuestra alma todo lo que tenemos que pasar. Y si no lo pasamos en esta vida, lo tendremos que pasar en la siguiente.

Si la muerte de mi abuelo no me hubiese afectado, hubiese sido la siguiente muerte en mi familia o círculo cercano la que me hubiera hecho pasar por esa etapa de mi vida. Por lo tanto, tener que pasar por ese bache, lo tenía que haber pasado sí o sí.

Quizás tu bache, o baches, sean una ruptura sentimental, la pérdida de un negocio, sufrir física o emocionalmente por alguna injusticia... Ese es tu viaje personal y debes obtener las lecciones de tus baches.

¿Y si todo lo que te ha pasado ya estaba acordado previamente con tu alma? ¿Y si fuiste tú el que elegiste todas y cada una de las experiencias que has pasado y vas a pasar con la única finalidad de evolucionar?

Como digo, esta es una creencia personal y tú puedes creer lo que quieras. Si tu creencia te ayuda a vivir en perdón, sigue con esa creencia. Recuerda que es muy difícil, por no decir imposible, perdonar a una tercera persona si no somos capaces de perdonarnos a nosotros mismos.

Amor incondicional

Amarte sobre todas las cosas. Sin condición alguna. Si no te amas incondicionalmente es que hay algo que te tienes que perdonar. Por tanto, vuelve a leer el punto anterior, puesto que perdón y amor van de la mano.

Amar sin condición alguna. Siendo capaz de ver por encima del bien y del mal, siendo capaz de ver más allá de las máscaras de carnaval que nos ponemos en algún momento y ser capaces de mirar a los ojos de nuestra alma.

¿Cómo? Si hubiese un cómo no sería incondicional. Es amarte por el simplemente hecho de respirar. Por el simple hecho de estar vivo. Con la creencia que eres perfecto, al igual que cualquier cosa del universo. Todo es perfección, todo es armonía.

Quitarte la careta

A alma descubierta. Durante más de veinte años he usado todo tipo de barreras, todo tipo de máscara para no hacerme daño... para acabar irónicamente haciéndome más daño.

Cuando reconoces que tu alma es imposible de romper, cuando reconoces que tu alma es como el agua —quizás por eso estamos hechos de agua en la mayoría— y que se adapta pero nunca se rompe, eso te libera.

Solo puedes dañar a EGO, pero nunca a tu esencia. Por eso si te sientes dolido, ahí tienes tu EGO.

Amar lo que es

Aquello que no eres capaz de aceptar es tu única causa de sufrimiento. Al no aceptar lo que es, sufres. No aceptas lo que te va sucediendo a lo largo de este camino llamado vida. Tu EGO, además, te intenta convencer de que puedes cambiar tu mundo exterior.

Si en tu realidad hay sufrimiento, eso es porque los filtros con los que ves la realidad así lo reflejan.

Liberar al REO

Escribe las respuestas en tu cuaderno y observa lo que escribes.

1. ¿Por qué te tendrías que perdonar? Escribe un listado de todo aquello que rechazas de ti. Ya sea físico, de actitud, de experiencias pasadas... Tus más escondidos secretos. Esos secretos te mantienen preso. Escríbelos. Acéptalos.

2. Pon tu alarma por cinco minutos. Enciérrate en el cuarto de baño o en cualquier sitio con espejo donde no vayas a ser molestado. Lleva contigo el listado de cosas a perdonarte. Mírate al espejo, mírate a los ojos. Repite en voz alta sin dejar de mirarte: "Lo siento, te quiero, gracias por todo". Cuando acabes, tira el listado anterior por el retrete. Y dedícate una gran sonrisa.

Antes de pasar a la siguiente pregunta, ojea otra vez este capítulo y haz en tu cuaderno las anotaciones que creas convenientes.

MENTALIDAD

25. Eliminando pensamientos negativos

¿Te acuerdas de la primera pregunta del libro? Tenemos entre 60.000 y 80.000 pensamientos al día. El 95 por ciento de los pensamientos son los mismos que tuvimos ayer y más del 80 por ciento son negativos. Por tanto, los pensamientos negativos son parte de nuestra condición humana.

Quiero que lo asimiles bien. **Tener pensamientos negativos no es ningún problema.** No te pasa absolutamente nada. Todo el mundo tiene pensamientos negativos.

Esta frase es importante, pues muchas personas piensan que tener pensamientos negativos es malo, que debe pasarles algo, y empiezan a preocuparse. **¡No te pasa nada! Todos tenemos pensamientos negativos.**

Por lo tanto, más que eliminar los pensamientos negativos tienes que aprender a convivir con ellos. ¿Por qué? Porque no vas a poder *eliminarlos.*

Es cierto que hay personas que tienen una voz interior un poco más activa que otras personas. Normalmente es gente altamente analítica, muy perfeccionista. Personas que por lo general son muy críticas consigo mismas y, por ende, con los demás.

Es cierto que las personas que son altamente analíticas y muy críticas tienen una voz interna más fuerte y más prejuiciosa. Pero no pasa absolutamente nada. No te pasa nada y en este capítulo te daré varios pasos que puedes hacer para aprender a convivir con esa voz.

¿Qué voz, Fernando?

Pues esa voz que se ha preguntado ¿qué voz?, ¿yo tengo voz?, ¿cómo suena mi voz interna? Ese diálogo interno que todo el mundo tiene consigo mismo. Y aquí está la clave. Tú tienes una conversación con tu mente. Por lo tanto...

¡Tú no eres tu mente!

Antes de profundizar en este tema vamos aclarar un punto clave. Tu mente es parte de ti. Tu mente –como tus brazos o tus piernas– es parte de tu cuerpo, pero no eres tú.

Tú eres capaz de observar tus pensamientos. Por tanto, si lo estás observando, eso significa que no eres tú. ¿Quién eres tú?

Tú eres el sirviente de la mente. Tú eres esa persona que cada segundo decide cómo va a pasar ese segundo.

El problema es que nuestra mente nos juega malas pasadas y nos hace creer que somos nuestra mente.

Me acuerdo que al poco tiempo de conocer a Aimee, mi mujer, no hacía más que preguntarme cómo podía dominar la mente. Tenía una serie de pensamientos negativos de forma repetitiva que no eran buenos para la relación. Yo le expliqué lo mismo que te estoy contando en este capítulo.

Un par de noches después, volvió otra vez con lo mismo. Era su cabeza, según ella. Su mente no hacía más que generar el mismo escenario.

Le di un beso y le prometí que al día siguiente hablaríamos. Me di la vuelta y a los pocos segundos le di un pellizco en la pierna. Ante su asombro, le pedí disculpas. A los pocos segundos, volví a repetir la jugada. Me volví a excusar y con voz de sorpresa le dije que era mi mano, que no sé qué le pasaba a mi mano. Me volví a dormir.

A la tercera le pellizqué más fuerte. Su asombro pasó lógicamente a enfado. Le volví a explicar que era mi mano que pellizcaba sola. Aimee me miró con cara de no entender nada y me pidió que dejara ya de pellizcarla, que lógicamente era yo quien usaba mi mano y que le dejara dormir tranquila.

Le miré a los ojos, sonreí y dije:

— Veo que lo has comprendido, cariño. Sí, yo domino mi mano al igual que tú dominas tu mente. **¡Tú tienes el control!**

Desde ese día nunca más tuvo problemas. No significa que no tuviera pensamientos negativos, sino que aprendió que ella es quien domina a la mente.

Hay muchas veces que nuestra mente es como un caballo salvaje, sobre todo si la hemos dejado a sus anchas mucho tiempo. Cuando empiezas a dominarla, tu mente empieza a obedecerte y todo se hace más fácil.

Recárgate primero

"¿Recargas tu móvil todos los días?", le pregunté a un cliente que me inquirió sobre pensamientos negativos.

Ante su confusión, volví a insistir. "¿Todos los días recargas tu celular? ¿Cuántas veces lo haces?". Mi cliente me dijo que lo recargaba dependiendo del uso, pero que normalmente lo hacía varias veces al día, pues con frecuencia navegaba por Internet en el teléfono.

— ¿Qué pasa si no lo haces?, le pregunté.

— Pues que deja de funcionar, me dijo con cara de no comprender nada aún.

— ¿Cuándo sabes que es el momento de cargarlo?

— Fernando, pues cuando la batería esta baja ¡Qué preguntas!

Entonces le conté lo siguiente.

Al igual que los aparatos que usamos en casa, tu mente también tiene batería. Cuando está cargada de batería funciona perfectamente, pero a lo largo del día, dependiendo del estrés de ese día, de lo que hayamos comido, del uso de nuestra mente, esa energía mental se va acabando.

Lo que pasa es que nuestra mente no tiene un indicador de batería. No podemos ver el porcentaje que nos queda y, por tanto, no sabemos cuándo tenemos que recargarla. Pero la mente nos avisa que necesita un descanso. Y como pasa con los aparatos con pilas, cuando estas se van acabando dejan de responder a tus comandos. En nuestro caso, empezamos a tener más pensamientos negativos.

¿Cuándo sueles tener más pensamientos negativos?

Te darás cuenta de que suele ser en momentos en los que tu energía está más baja. Eso significa que necesitas un descanso. Aunque sea simplemente respirando varios minutos y poner tu mente en otro foco.

Lo quieras o no lo quieras, necesitas descansar y recargar la mente. Lo quieras o no lo quieras, tienes que recargar tu celular. Si un día no te apetece recargarlo, ya sabes que llegará un momento que te quedes sin él y solamente estará operativo cuando decidas cargarlo de nuevo.

Si no sales de casa con el celular sin batería, asegúrate de hacer lo mismo con tu mente. Varias veces al día toma un respiro para cargar tus baterías internas. Si no, tu mente te avisará con más pensamientos negativos, entre otras cosas.

El secreto

Te voy a contar un secreto respecto a los pensamientos negativos. Como te he dicho, los pensamientos negativos los vas a tener siempre. No esperes no tenerlos. Pueden venir porque estés cansado, como una señal de estrés o quizás por otras razones. Puede que incluso esos pensamientos no sean ni tuyos y tú los hayas captado de las personas a tu alrededor.

No me importa el origen. Lo realmente importante es que aprendas lo siguiente:

> *Tus pensamientos negativos solamente tienen efecto en ti si los entretienes.*

La gran mayoría de las veces, si ignoras esos pensamientos negativos al igual que vienen se van. ¿A qué me refiero con entretener? A no escucharlos. A no darles conversación. A no hacerte preguntas sobre esos pensamientos.

Ignorarlos significa que una vez que has reconocido a ese pensamiento, te escapas de él como esa vecina pesada del piso de arriba.

Mi vecina Estrella

Yo tenía hace muchos años **una vecina muy pesada**. Cada vez que me paraba y me daba conversación, eran treinta minutos perdidos de mi día. Por la velocidad en la que hablaba esa anciana mujer y su curiosidad en hacerme más y más preguntas, era un suplicio salir cuando te enganchaba.

Seguro que tú has vivido situaciones parecidas, ¿verdad?

¿Qué es lo que hacía para no engancharme? Pues la estrategia que seguramente en alguna vez has usado en tu vida. Cuando veía de lejos que la mujer venía por la acera, me daba media vuelta, me cambiaba de acera o simplemente aceleraba el paso.

Sin detenerme a saludarla, le dedicaba una gran sonrisa y un hola, y **por nada en el mundo me detenía**.

¿Cómo gestionar los pensamientos negativos?

Cuando tengas una emoción molesta, esa que no te gusta tener, lo primero que quiero que hagas es prestar atención a tus pensamientos. ¿Por qué? Porque los pensamientos son el lenguaje de tu mente, como las emociones son el lenguaje de tu cuerpo. Mente y cuerpo están sincronizados. ¡No puedes sentir alegría y estar pensando cosas tristes!

Voy a darte una serie de pasos que puedes hacer para gestionar los pensamientos negativos. Pero antes de aplicar cualquiera de esos pasos, lo que necesitas es perdonarte sin condiciones.

¿A qué me refiero? Que te perdones por tener pensamientos negativos, sean cuales sean. Sean de la naturaleza que sean. Aunque pienses acabar con la humanidad entera, ese pensamiento solo es peligroso si lo entretienes y lo llevas a cabo. Pero **de pensar algo a hacer algo hay un trecho. Si no, estarías viviendo la vida de tus sueños ahora mismo**, porque seguramente también has pensado esos sueños.

No caigas en el error de entretenerlo con preguntas como ¿por qué pienso esto?, ¿me pasa algo?, ¡no debería pensar esto! En serio, ¡PÁRALO! No lo entretengas ni un segundo. **El problema no es tener esos pensamientos. El problema es lo que vas a hacer con ellos.**

Dos de mis estrategias favoritas y que mejor resultados dan para gestionarlos son las siguientes:

1. **Ignora.** Como te he contado antes, cuando veas ese pensamiento... ignóralo. ¡Como con mi vecina pesada! ¿Cómo? Ponte a pensar en otra cosa. Da igual lo que sea. Cambia de tema. Seguramente te ha pasado estar en una conversación con un amigo y de repente algo ocurre, te distraes y ya no sabes de lo que estabas hablando. Pues se trata de algo parecido.

2. **Ridiculiza.** Este es uno de mis favoritos. Todos tenemos una voz interior. ¿Cómo suena tu voz interior? Sí, toda voz tiene un sonido. ¿Te lo has preguntado alguna vez? Para ahora mismo y observa tu voz.

¿Conoces alguna voz que cuando la escuchas te rías? Sí, quizás es un cómico. Quizás, unos dibujos animados. Una voz chistosa. Pues quiero que elijas una voz y/o un personaje cómico. ¿Por qué? Porque desde ahora mismo quiero que lo adoptes en tu vida. ¡Se va a convertir en tu narrador de pensamientos negativos!

Pero recuerda que es más fácil eliminar al monstruo cuando es pequeño que cuando es un gigante. Cuando el gigante lo tienes delante y ves que no puedes escapar, te diría que corras. Que te muevas. Que respires. Y cuando se va haciendo más pequeño, aplica las estrategias que te he dicho.

Recuerda siempre la enseñanza del viejo cherokee y los lobos.

Los Lobos

Una mañana, un viejo cherokee le contó a su nieto acerca de una batalla que ocurre en el interior de las personas.

"Hijo mío, la batalla es entre dos lobos dentro de todos nosotros".

"Uno es malvado. Es ira, envidia, celos, tristeza, pesar, avaricia, arrogancia, autocompasión, culpa, resentimiento, soberbia, inferioridad, mentiras, falso orgullo, superioridad y ego".

"El otro es bueno. Es alegría, paz, amor, esperanza, serenidad, humildad, bondad, benevolencia, amistad, empatía, generosidad, verdad, compasión y fe".

El nieto lo meditó por un minuto y luego preguntó a su abuelo:

"¿Qué lobo gana?"

El viejo cherokee respondió: "Aquel al que tú alimentes".

Libera al REO

Escribe las respuestas en tu cuaderno y observa lo que escribes.

1. Reconoce tu voz interior. Quiero que durante varios minutos observes tus pensamientos. Lo más fácil es el siguiente juego. Intenta adivinar cuál va a ser tu siguiente pensamiento. Cierra los ojos si te es más fácil y ponte a observarte.

2. ¿Cuándo sueles tener más pensamientos negativos? Obsérvate durante 24 horas y nota si hay un patrón. ¿Son más recurrentes por la mañana, cuando estás cansado, cuando estás estresado...?

3. Escoge una voz cómica o un personaje cómico. Quiero que practiques varios minutos intentando usar su voz. ¡Este ejercicio es en silencio! Así que no te preocupes, porque nadie va a escucharte. No hace falta que imites la voz perfectamente. Con que a ti te recuerde me vale. Recuerda que esta será la voz que quiero que uses para contarte tus penas o tus pensamientos negativos.

Antes de pasar a la siguiente pregunta, ojea otra vez este capítulo y haz en tu cuaderno las anotaciones que creas convenientes.

26. ¿Qué hacer para creer en mí?

Uno de los consejos que más regala la gente cuando quiere apoyarte es el famoso *solamente tienes que creer más en ti.*

¡Muchas gracias!, responde quien recibe esa frase regalo. ¿Pero cómo narices lo hago? ¿Cómo puedo creer en mí?

Bueno, pues como nos ha pasado en otras preguntas, el problema es exactamente que crees que tienes que hacer algo.

Creer no es un verbo de acción. Crees o no crees. Por lo tanto, si me preguntas qué tienes que hacer, solo significa que estás en la parte de NO creer en ti.

¿Cómo haces para NO creer en ti?

Sí, ¿cómo haces para no creer en ti mismo? Lo más seguro es que la conversación interna venga con preguntas tipo ¿por qué no me sale nada bien?, ¿por qué siempre me pasa lo mismo?, ¿qué pasa si no me sale?, ¿quién soy yo para querer eso? Preguntas o frases similares suelen rondar por la cabeza. A tu mente vendrán aquellas memorias en las que no conseguiste lo que querías, en las que fracasaste en los intentos...

La confianza, al igual que cualquier emoción, es creada como subproducto de nuestra historia mental, nuestro foco y nuestra fisiología. **Las emociones no son cosas que tenemos, sino que nos fabricamos nosotros mismos.**

En la pregunta anterior vimos cómo poder cambiar el tipo de voz interna. Ahora, además, quiero que cambiemos la conversación que tenemos.

Para empezar a creer en nosotros, tenemos que cambiar nuestro diálogo interno. Y eres tú, solamente tú, quien tiene el poder para cambiar ese diálogo interno.

¿Pero cómo voy a poder creer en mí si mi vida no refleja lo que quiero, si una vez tras otra parece que me doy con la misma piedra? ¿Cómo puedo creer en mí?

Los resultados vendrán después

No necesitas tener resultados para creer en ti. De hecho, todas las cosas que haces ahora, hubo un momento en tu vida en el que no eras capaz de hacerlas. Y eso no te hizo dejar de hacerlas. ¿No te acuerdas?

Caminas gracias a que creíste en ti. Cuando eras un bebé y viste que las otras personas caminaban con las piernas, no te pusiste a llorar y decir al resto de bebés que tú no podías. Que tú solo te arrastrabas por el suelo. ¡NO! Tú te levantaste cientos de veces, te caíste cientos de veces y con una sonrisa, lo volviste a intentar. ¿Caminaste después a la perfección? ¡NO! Primero aprendiste a gatear, después a dar unos pasos, luego a caminar, a trotar, a correr, a saltar... Todo tiene su evolución.

¿Qué me dices de hablar? Hablas gracias a que creíste en ti, porque por muchos meses nada inteligente salió por tu boca.

¡Gracias a que creíste en ti eres capaz de leer este libro! No es nada menor. Hay miles de millones de personas en este mundo que no saben leer y escribir.

¿Qué me dices del deporte que practicas, tus estudios, tus trabajos? Todo sigue exactamente el mismo patrón. Primero te pones y después vienen los resultados.

¿Qué necesitas para creer en ti? ¿No has visto todas y cada una de las grandes cosas que has conseguido en tu vida?

Para cambiar ese diálogo interno, te dejo una serie de frases que puedes repetirte con total convicción.

– "Si una persona puede, yo también".

– "Lo haré a la primera o lo haré a la mil. Lo importante es que lo haré y no hay duda de ello".

– "Si sigo respirando es que puedo conseguirlo".

– "Cada paso que doy me acerca a mi objetivo".

– "Me hago el regalo de creer en mí".

– "Mi futuro no es igual a mi pasado".

– "Merezco todo lo que quiero".

– "Si puedo, debo".

Ya, Fernando, pero ¿qué evidencias tengo para creer en eso que estoy diciendo?

No necesitas evidencias

No necesitas evidencias para creer en ti. Durante ocho años creíste en Papá Noel. ¿Me vas a decir que no eres capaz de creer en ti?

Tu vida cotidiana está llena de creencias y tienes cero evidencias de que esas creencias sean ciertas. ¡Es pura fe!

No me refiero a creencias religiosas, que por supuesto son pura fe, es decir, creer sin ninguna evidencia. Nadie ha demostrado que exista el cielo o el infierno, que exista Dios o no, pero da igual que esté demostrado o no. La fe es esa creencia que no necesita prueba.

Todas las noches crees y tienes fe en que al día siguiente te vas a levantar. ¿Sabes que al día mueren alrededor de 250.000 personas? Es decir, que cuando te levantes por la mañana tienes una oportunidad que cientos de miles de personas no tienen. ¡Mañana, cuando abras los ojos, dedícate al menos una sonrisa!

También crees que la tierra es redonda y no tienes ninguna evidencia que lo pruebe. Bueno, que viene en los libros y las imágenes de televisión, me podrías decir. ¿Acaso todo lo que viene en los libros es cierto? Porque durante millones de años la gente creía que la tierra era plana y la ciencia y los libros de la época lo aseguraban. No hace falta que te diga cuántas veces nos cuentan mentiras en las televisiones.

No necesitas ir al espacio, mirarlo con tus propios ojos y creer que la tierra es redonda. Lo crees sin más, al igual que crees en muchas otras cosas que tú nunca has comprobado ni vas a comprobar en tu vida. Pero lo das por bueno.

(Pues creer en ti es igual. ¡TEN FE EN TI, AMIGO!)

En serio. Si no crees en ti, ¿quién va a creer en ti? ¿Y de qué sirve que la gente crea en ti si luego tú no vas a creer?

Si no crees, no vas actuar. Si no actúas, no tendrás resultados. Al no tener resultados, lo usarás como excusa para no creer en ti. Y este círculo vicioso seguirá.

Sí, seguramente en el pasado hay cosas que no te hayan salido como quisiste. Sí, seguramente en el pasado has sufrido por algo. Puede incluso que las personas a tu alrededor no crean en ti o puede que no confíen que tú puedes hacerlo. ¿Y QUÉ? Solamente necesitas que una persona crea en ti. Y esa persona eres tú.

El futuro no está determinado por tu pasado. Está marcado por tu presente. Y el presente es lo que tienes ahora, así que empieza hoy.

Porque tú lo vales

En serio, cuando naces no hay bebés que creen en sí mismos o bebés que no creen en ellos.

Al nacer, el médico le dijo a tu madre si eras niño o niña, pero no le dijo "señora, tiene usted un ser humano con confianza y autoestima". O "lo siento, señora, este bebé ha nacido sin autoestima".

"¡Fernando, es que no tengo autoestima!", me dicen algunos de mis clientes al empezar a trabajar juntos. "¿Y qué más da?", les respondo con una sonrisa en la cara.

Estos clientes creen que la autoestima es algo que se tiene o no se tiene. No pueden estar más lejos de la realidad. La autoestima se fabrica, se trabaja. Es como tus abdominales. Si no tienes abdominales es que los tienes escondidos bajo una capa de grasa. Si quieres lucirlos, simplemente hay que trabajar para reducir esa grasa.

Tienes todas las herramientas para ponerte ahora mismo a crear esa autoestima. **¡Recuerda que se trabaja de forma diaria!**

Recuerda que en preguntas anteriores te he dado varias técnicas para crear las emociones que quieras. Ahora te toca seguir practicándolas.

Cree en ti con la fe de la puerta automática.

Abre la puerta

Imagínate que nunca antes has visto una puerta automática. De esas que se deslizan cuando estás cerca de ella. Al preguntar por la salida, el de recepción amablemente te señala esa pared acristalada. ¿Cómo va a ser esa la salida?, le dices al de recepción.

Tú no entiendes, puesto que no parece que haya salida. Solamente ves una pared llena de cristales y no parece ni siquiera que haya una puerta.

¿Dónde está el pomo?, te preguntas en silencio.

El de recepción, al ver tu confusión, se acerca y amablemente te lo recuerda.

Si se queda ahí parado nunca saldrá. Aunque no vea la salida, acérquese. Vaya con confianza, porque justo cuando parezca que se va a chocar, la puerta se abrirá.

Liberar al REO

Escribe las respuestas en tu cuaderno y observa lo que escribes.

1. Piensa cuántas cosas eres capaz de hacer ahora que en algún momento parecían imposibles. Tareas del hogar, sumar, restar, usar el ordenador... Haz un gran listado.

2. Escribe en grande: CREO EN MÍ Y ME AMO SOBRE TODAS LAS COSAS. Tenlo visible en tu casa, en tu lugar de trabajo. Repite esas frases tantas veces como lo veas. Con la pose del poder. Si por alguna creencia religiosa crees que deberías poner a Dios primero, me parece bien. Pero simplemente recuerda que eres imagen de Dios, creada a semejanza. No creer en ti implica no creer en Dios.

3. Escribe una serie de frases que te motiven, te inspiren. Pon diez, veinte, cuantas más mejor. Y lo que quiero es que esas frases las tengas en la pared de tu casa como recordatorio o en la nevera. Quiero que estén visibles, porque tienen que ser tu recordatorio. Lee cada una de las frases en voz alta, ponle intensidad. Si no crees lo que estás diciendo, vuelve a intentarlo.

Antes de pasar a la siguiente pregunta, ojea otra vez este capítulo y haz en tu cuaderno las anotaciones que creas convenientes.

27. ¿Cómo funciona nuestra mente inconsciente?

Voy a compartir uno de los mayores secretos que nadie suele decir en el mundo del desarrollo personal.

Sí, muchas personas se esfuerzan en que consigas tus objetivos. Van a intentar inspirarte para que crees hábitos, estrategias para conseguir tus objetivos. Pero nada de esto funcionará si tu mente inconsciente no está alineada con lo que quieres conseguir.

Voy a repetirlo: **si tu mente inconsciente no está alineada con tu mente consciente, remarás a contracorriente.**

Te pongo un ejemplo muy típico en relaciones. Si en tu inconsciente crees que todos los hombres son unos interesados, que solamente van por una cosa, que son infieles por naturaleza y cualquier otra creencia similar, por mucho que te propongas empezar a tener citas va a haber un momento en el que parece que te vas a autosabotear. Luego te preguntarás qué te pasa. **En verdad no es que te pase algo. ¡Es tu propia protección!**

Si de verdad crees que los hombres son lo peor del mundo y que van a producirte dolor, ¡para qué vas a querer estar con uno!

Todos tenemos creencias. Todos tenemos conceptos sobre el mundo que nos rodea. Sobre lo que es el amor, el dinero, la amistad, el trabajo, sobre quiénes somos, sobre quiénes no somos... **Esa forma interior de ver el mundo es nuestra mente inconsciente.**

Cuando veo que un cliente está atascado y parece que no avanza en lo que se propone, sé que es momento de volver a ver qué creencias tiene sobre lo que está intentando conseguir. Antes de ver cómo cambiarlo, debemos comprender cómo se ha creado.

Ese gran disco duro

Puedes imaginarte el inconsciente como un gran disco duro donde se va almacenando información. El disco duro además tiene la capacidad de re-escribirse si así lo deseamos.

 El inconsciente se va creando durante toda nuestra vida. Refleja nuestras experiencias pasadas, nuestras memorias, las conclusiones que hemos sacado en función de lo que hemos aprendido. O lo que hemos escuchado.

Todo lo que ahí queda reflejado se convierte en tu verdad. En tu forma de ver el mundo. Y actuarás en consecuencia a esa información grabada en ese gran disco duro.

Lo que quiero que te quede claro es que **porque crees una cosa no quiere decir que sea cierto**. Es simplemente tu conclusión.

Mi labor o la labor de este libro, no es cambiarte la forma de pensar e imponerte ciertas creencias. Mi trabajo reside en mostrarte cuáles son las consecuencias de creer aquello que tú tienes almacenado en el inconsciente. Si no te gustan las consecuencias, solo hay una solución: borrar esa información y grabar la información que quieres tener.

¿Cuándo se crea el inconsciente?

Aunque el inconsciente se va creando toda nuestra vida, es durante nuestra infancia cuando más información se graba en nuestro inconsciente.

Por ejemplo, la relación que tienes con el dinero, pareja sentimental, lo que significa tener una familia... Todo lo has aprendido antes de los siete años. **¡Ahora te puedes explicar muchas cosas de tu vida!**

Pero no te preocupes. En cualquier momento de tu vida puedes reprogramar tu mente inconsciente. En cualquier momento puedes Liberar al REO.

Desgraciadamente no todos hacen ese trabajo de reprogramación. Llevamos con nosotros creencias que han pasado de generación a generación. Eso nos limita, como el asado de María.

El asado de María

María es toda una experta en la cocina. No hay nada mejor que su asado o por lo menos eso piensa su novio Juan.

Tras varias visitas a su casa, Juan notó una cosa curiosa. María solamente cocinaba tres cuartas partes del pavo y el resto lo guardaba. Fascinado por ello, le preguntó por qué no metía todo en el horno.

"Pues la verdad es que nunca me lo había planteado", dijo María. Lo había aprendido de su madre, que había preparado ese mismo plato varios centenares de veces.

Aprovechando que la madre de María pasaba la tarde con ellos, salió la conversación. La madre se quedó sorprendida. La verdad, no tenía respuesta. Simplemente así lo hacía su madre. Por tanto, habría que preguntar a la abuela de María.

Intrigados por la curiosidad, decidieron llamar a la abuela de María. Cuando le preguntaron a la señora a qué se debía esa forma de cocinar el asado, esta sonrió y respondió: "Hija, mi horno es muy pequeño para un asado entero. Por eso teníamos que partirlo".

> **Cuidado con lo que crees que es verdad, porque ahí reside tu limitación.**

¿Cómo se crea el inconsciente?

Mucho más fácil de lo que tú te crees, aunque complejo de explicar en un libro. Básicamente, la información se almacena en el inconsciente a base de:

1. **Repeticiones. Sí, cuando hacemos una cosa muchas veces. Como aprendimos en la primera de las preguntas, todo lo que somos es información. Esa información son conexiones neuronales y estas se hacen más fuertes cuando se repiten. ¡Por eso la constancia crea el hábito!**

2. **En estados emocionales alterados. Pensamientos que están en un alto estado emocional se suelen quedar grabados a fuego. Por ejemplo, descubres que tu novia te ha sido infiel con un amigo. En ese momento de cólera, rabia y frustración van a salir por tu boca varias frases: todas las mujeres son iguales, no voy a confiar nunca más en una mujer, no necesito amigos... Al estar en ese estado emocional, el inconsciente está abierto de par en par para que grabes tus creencias.**

3. **Confianza/Autoridad. Cuando tienes confianza en una persona, cuando esa persona tiene autoridad y tú le respetas o admiras, es mucho más fácil que cualquier cosa que te diga entre directamente a tu inconsciente sin ser validada la veracidad de lo que nos cuentan.**

¿Cómo lo cambiamos?

A lo largo de este libro, al ir respondiendo a las preguntas, has ido sacando dentro de ti ciertas cosas que tienes guardadas en el inconsciente y que, como le pasaba a María, te estaban haciendo cocinar la vida por defecto.

Aun así, voy a darte unas pautas para el cambio de tu mente inconsciente.

Para cambiar el inconsciente hay varias fases:

Observar a nuestro inconsciente

El primer paso para cambiar el inconsciente es conocerlo.

Si quieres saber cuáles son tus creencias sobre algo en concreto, es muy sencillo. Cada vez que uses una frase que lleve el verbo SER, por lo general es una creencia. Esta pista es muy útil, pues te va a servir no solamente para detectar tus propias creencias, sino para convertirte en un cazador de creencias de tus amigos o familiares cuando hablan.

Si estuviéramos trabajando juntos y quisieras indagar más sobre tu mente inconsciente relacionándola con, por ejemplo, tener pareja, te haría que hicieras el siguiente ejercicio.

Lee las siguientes frases y acábalas. No pienses la respuesta ni digas lo que crees que es bueno decir, si haces eso, estás trabajando con la mente consciente.

- Tener pareja es.......

- Tener pareja es.......

- Tener pareja es.......

- Estar en pareja es.......

- Estar en pareja es.......

- Las relaciones sentimentales son........

- Las relaciones sentimentales son........

Te haría que siguieras con cada pregunta unas diez o veinte veces para vaciar todo lo que tienes. Una vez que observas lo que tienes ahí guardado puedes hacerte una idea de por qué tienes ciertas piedras en el camino.

Puedes hacer ese ejercicio con frases como *Yo soy......*, *El dinero es.....*, *Los ricos son........* Eso te irá sacando lo que tienes en el inconsciente sobre ti mismo, o tu relación con el dinero y la riqueza.

Cuestionando nuestro inconsciente

Una vez que tenemos esa parte del inconsciente que estamos trabajando (por ejemplo, el caso de parejas) es bueno que observes cada una de las frases que has escrito.

Con cada una de las frases te haré simplemente tres preguntas:

1. ¿Es eso cierto?

Tu mente lógicamente va a decirte que es cierto en la mayoría de las cosas. ¡Por eso está grabado en tu inconsciente! Así que necesitas volver a leer esa frase y buscar ejemplos en los que no se cumpla esa frase. Por ejemplo, si dices que los hombres son todos unos interesados y crees que es cierto, quizás puedes pensar en esos amigos encantadores que tienes, que aunque no te sientes atraída por ellos crees que son justamente lo contrario a lo que tú crees que son los hombres. Esa falta de consistencia te hace ablandar esas creencias.

2. ¿Cómo te comportas cuando crees que lo que crees es cierto?

Ningún pensamiento o creencia vive en tu mente sin que haya un precio. Y esas creencias inconscientes te están costando algo. Mira todo lo que está costando.

3. ¿Qué nueva creencia podrías adoptar?

Una vez que tienes esa nueva creencia, utilízala como mantra. Escríbela, revísala a diario durante una semana. Recuerda que con repetición es como entraron en tu inconsciente, así que usemos la repetición para que la nueva creencia se vaya instalando. Si no crees esa nueva creencia, no te va a valer.

Hay mucha gente en el mundo del desarrollo personal que te dice que hagas afirmaciones y simplemente repitiéndolas funciona.

NO, NO funciona si no lo crees. Recuerda que tiene que haber repetición y que tienes que creerlo.

Si te cuesta creerlo, te diría que vayas a un paso intermedio.

Por ejemplo, si tienes la creencia de que todos los hombres son unos interesados y vas a cambiarlo a los hombres no son unos interesados, quizás tu mente te diga.... NOOOO me lo creo.

Perfecto, pues ve a un paso intermedio:

"Hay hombres interesados y hombres no interesados, al igual que las mujeres. Yo solo tengo que encontrar a los interesados y además soy buena identificándolos". Bueno, en esta afirmación, aunque es un poco larga, te he añadido dos en una porque son útiles y complementarias.

Recuerda que si hay algo que se atraganta es porque tu mente está en conflicto. Y hasta que no lo tengas alineado con lo que quieras conseguir, te va a ser muy difícil y quizás te ahogues en el Rio Yinzi.

El Rio Yinzi

En las aisladas montañas del sur de China se hallaba un templo en el que todos los días el gran maestro y sus discípulos se reunían para compartir sabiduría.

En uno de los paseos junto al templo se acercaron a un pequeño puente. "¡Cuidado, maestro!", gritaron los discípulos. "¡No te acerques al río, sus aguas son las más bravas de toda la zona y quien se cae no sobrevive!".

El maestro les miró y sin mediar palabra, saltó al río.

Los discípulos, con cara de pánico, observaron cómo su maestro desaparecía río abajo a toda velocidad.

No lo dudaron y corrieron por la ladera del río para intentar sacar al maestro. La corriente era tan rápida que al poco tiempo le perdieron la pista. Aun así, los discípulos siguieron corriendo a lo largo del cauce del río.

A los diez minutos, mientras caminaban corriente abajo mirando el río con cara de pánico y tristeza, una voz les sorprendió. "¿Qué miráis con tristeza?" Ante su asombro, el maestro caminaba hacia ellos con la sonrisa en la boca.

"¿Pero cómo lo has hecho?", preguntaron todos con cara de haber visto un fantasma.

"Muy sencillo", dijo el Maestro. "El agua es muy fuerte. No puedes luchar contra la corriente porque te quedarías agotado y te morirías ahogado".

"Así que lo que hice fue rendirme y dejar que el agua me moviera. Mientras pudiera respirar todo estaba bien. Cuando la corriente me acercó lo suficiente a la orilla, me agarré a una roca y me levanté".

"Así que, queridos discípulos, no luchéis con vuestra mente y nadéis a contracorriente de vuestras ideas, pues es agotador. Aseguraos de que vuestras ideas están alineadas con vuestro futuro y simplemente dejaos llevar".

Libera al REO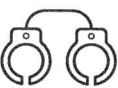

Escribe las respuestas en tu cuaderno y observa lo que escribes.

1. Haz el ejercicio propuesto en el capítulo para el cambio de la mente inconsciente. Decide qué te gustaría explorar. Vacía tu mente inconsciente sobre ese tema.

2. Te recomiendo la lectura del libro *"Amar lo que es"*, de la autora Byron Katie. De todas las personas cuyo trabajo he podido presenciar, la obra de Byron es magistral para el cuestionamiento del inconsciente.

Antes de pasar a la siguiente pregunta, ojea otra vez este capítulo y haz en tu cuaderno las anotaciones que creas convenientes.

Fernando Moreno

SECCIÓN 4

Despertando

Fernando Moreno

1,2,3 abre los ojos...despertando

Te felicito por llegar hasta esta parte del libro. Muchos son los atrevidos que empiezan, pero pocos son los elegidos que acaban. ¿Cómo ha ido el viaje?

Menos del 3% de los que empezaron el libro llegan aquí. Te felicito, porque estás dentro de ese club de los elegidos.

Como has podido comprobar, el viaje interior no nace leyendo sino respondiéndote tú mismo esas preguntas. Reservar el tiempo y vencer tus miedos, la posible apatía e introducirte en tu propio mundo para ver qué es lo que estamos construyendo.

 Recuerda que **somos animales de patrones. Por tanto, como hacemos una cosa, lo más seguro es que corras un patrón similar en otras áreas de tu vida**.

Si por alguna razón no has acabado las preguntas de *Liberar al REO*, vuelve a ellas y acábalas. Sé que en muchos casos te da pereza, pero si quieres tener una transformación de verdad, tienes que sentarte, entender y sobrepasar tu propia realidad.

Como dijo Albert Einstein, "no es que sea inteligente, es que invierto más tiempo en la respuesta de los problemas". Por lo tanto, te invito a que pases más tiempo indagando en tu interior.

Muchas personas empiezan este viaje interior como lo empecé yo mismo, creyendo que había algo que no estaba bien en mí, que había algo que arreglar, que algo me debía pasar.

Pero después de trabajar individualmente con cientos de personas, puedo asegurarte con rotundidad que no te pasa nada. Simplemente **has estado dormido durante muchos años y nadie te ha enseñado a dominar tu mente.**

Vivimos en una época en la que, pese a la abundancia de pastillas para ansiedad, estrés, depresiones, cada vez la gente se siente más y más vacía. Las pastillas casi nunca son la solución. El camino es responsabilizarte sobre tu propia vida, por tu propia plenitud.

Todos los días al despertarte tienes dos opciones: o vives con pasión y alegría o vives con amargura. Nada externo marca eso. Es tu propia decisión al levantarte. ¡No des ese poder a otra persona o a un evento externo!

Es el significado que le das a las cosas que te rodean lo que te hace sentirte de una manera u otra. El sufrimiento es autofabricado.

El sufrimiento

Vivimos en un gran planeta lleno de oportunidades. Podemos hacer que nuestra estancia aquí sea un paraíso o que sea un auténtico infierno.

No creo en el infierno como un sitio físico al que vas después de morir, sino como el sitio que creas mientras vives.

El sufrimiento solamente puede ser físico o mental. En la gran mayoría de los casos es un sufrimiento mental.

El sufrimiento se origina por un conflicto interno. Un conflicto entre cómo creemos que el mundo debe ser, cómo creemos que las personas alrededor deben comportarse, nuestras parejas, nuestros hijos, nuestros amigos, trabajo, gobernantes, la sociedad en general..., y cómo se comportan en realidad. Es decir, un conflicto entre nuestras expectativas o creencias inconscientes, y la realidad que observamos.

Controlar aquello que es incontrolable es la primera receta para el sufrimiento. Y si te preguntas ¿qué es lo incontrolable?, acabo más fácilmente diciéndote lo único que puedes controlar: a ti mismo.

Para controlarte, el primer paso que tienes que hacer es despertar. Y para despertar, el primer paso que tienes que dar es reconocer que sigues dormido.

Despierta

Este mundo al que llamas *realidad* es una mera ilusión. Nada es real, todo lo es. Nos pasamos la gran parte de nuestra vida presos de nuestra mente inconsciente. La ironía es que muchos luchan durante su vida por tener esa ansiada libertad sin darse cuenta de que, por mucho que lo consigan, lo más probable es que mueran presos de su propia realidad.

¿Por qué es una mera ilusión? Porque no existe la objetividad. Todo lo que hay fuera de ti es pura información, pero al procesar esa información por tu mente ya la estás filtrando por tus creencias, tus memorias, tus prejuicios, tus decisiones pasadas. Recuerda que no vemos por los ojos, no escuchamos por los oídos... Esas partes del cuerpo son solamente la antena que recibe la información. Esa información tiene que ser procesada en nuestra mente. Por lo tanto, solamente vivimos en nuestra mente.

Repito, toda conclusión que podríamos sacar de eventos externos ha sido filtrada por nuestro cerebro. Por lo tanto, cuando se convierte en pensamiento ya le has añadido tú ese toque personal.

El ser humano es como una gran base de datos. Vamos rellenando esos datos desde que nacemos. A cada experiencia vivida desde que nacemos, tenemos que darle un significado para poder comprender. Esos significados que vamos dando desde que somos pequeños se convierten en nuestros filtros inconscientes.

Por eso dos hermanos gemelos, con el mismo ADN, misma familia, misma educación, no van a ser iguales. Cada uno habrá dado un significado al mismo evento. Y no es el evento lo que marca tu vida, es el significado que le das.

Cuando interactuamos con el mundo, en verdad lo que estamos haciendo es interactuar con lo que creemos que es el mundo. No existe nadie más allá que tu propia existencia. Lo que tú pienses de este libro o lo que puedas pensar de mí, nada tiene que ver conmigo ni con el libro, sino con tus filtros.

El gran Carl Gustav Jung lo resumía diciendo que tú solamente ves en las otras personas el reflejo de tu mente. El mundo exterior es simplemente una proyección de tu interior.

Cuando le preguntaron a Osho: "¿cómo debemos tratar a los demás?", su respuesta fue clara: "no hay otro".

¡Despierta!

La única manera de poder tener una vida por diseño es despertar. Darse cuenta de que nos pasamos gran parte del día dormidos, y no me refiero a esas seis u ocho horas al día que pasas en la cama. Me refiero a las restantes horas del día. En vez de vivir, reaccionamos a lo que creemos que es el mundo.

Los hermanos gemelos

Tu vida no está determinada por tu ADN, por tu infancia, por tu educación. Por supuesto que tienen un papel en él. Has ido sacando conclusiones a esos eventos. Pero son esas conclusiones las que marcan tu destino.

En un libro, que sinceramente no me acuerdo ni título ni autor, leí la historia de dos hermanos gemelos. Lo curioso es que uno de ellos era un gran presidente de una multinacional, un marido ejemplar y adorado por sus hijos. El otro hermano llevaba diez años en prisión por tráfico de drogas y violencia de género, su mujer le había abandonado y no sabía nada de sus hijos.

Cuando los investigadores estudiaron su caso decidieron entrevistarles. Y ante su sorpresa, esta fue la respuesta de ambos.

"Mi casa no era un hogar ejemplar. Mi padre era alcohólico, abusaba de las drogas y de nuestra madre. Cada noche nos teníamos que esconder para no recibir una paliza. Me abrazaba a mi hermano debajo de la cama rogando que no nos pasara nada. Fue una infancia indeseable, hasta que mi padre fue arrestado por robo con violencia y nos fuimos a vivir con nuestra madre".

Con esta infancia, ¿cómo podría haber salido diferente?. Es decir que ambos hermanos con los mismos eventos, la misma infancia habían salido totalmente diferentes.

Ayudándote a digerir el libro

Sé que el libro es extenso y puede que no de fácil lectura. Pero... ¿Quién te dijo que una revolución/transformación es fácil?

Por eso, déjame recordarte ciertas cosas que has aprendido en el libro.

En este libro has aprendido que **todo en la vida son resultados**. Que si hay algo que quieres cambiar **debes ir a la forma de pensar y a la gestión emocional** para poder realmente cambiar.

Que la vida por diseño y no por defecto se consigue cuando abrimos los ojos y nos damos cuenta de que llevamos toda nuestra vida dormidos y reaccionando a creencias que dimos por buenas hace muchos años y ahora no nos sirven. Todo eso reside en nuestro interior, en concreto en la mente inconsciente. Son los filtros con los que vemos lo que nosotros llamamos realidad.

Para conseguir cualquier cambio en tu vida la estrategia va a ser importante, pero es **la forma de pensar la que te va a dar ese 80 por ciento del resultado**.

Quién eres hoy te va a dar los resultados que tienes ahora mismo. Por lo tanto, debes estar dispuesto a renunciar a lo que eres para dejar espacio y convertirte en esa versión de ti que va a llevarte donde realmente quieres.

A través de los retos en la sección 2 del libro has practicado tu curiosidad, tienes vigilado al victimismo y te has hecho cien por cien responsable de tu vida. ¡No olvides estos principios!

Por mucho que yo quisiera, por mucho que a mi ego le encantase atribuirse los resultados que vas a conseguir a partir de ahora, tú **y solamente tú, eres responsable al cien por cien de tu transformación**.

Cuando eres capaz de abrir los ojos. Cuando eres capaz de observar tus pensamientos y no reaccionar a ellos. Cuando te das cuenta de que tu mente es parte de ti lo mismo que es el brazo, pero no eres tú. Entonces es cuando tomas conciencia de que este planeta puede ser para ti un auténtico paraíso o puede ser tu infierno.

En el libro te has enfrentado a las preguntas que más bloquean a la gente. Para ello has tenido que buscar dentro de ti la respuesta. Muchas de ellas no eran obvias y han venido incluso días después de la lectura del capítulo. Y lo más seguro es que tu mente siga procesando incluso al finalizar el libro.

Como decía Mahatma Gandhi, *"si quieres cambiar el mundo empieza primero por ti"*. Esta frase muchas veces se queda en saco roto. ¿Qué queremos decir realmente? Pues déjame que, en vez de contártelo, compruebe una cosa contigo.

Si hoy te acercas a quien te sirve el café o la comida, o a un extraño por la calle, y le dedicas una mala palabra, ¿cómo crees que va a reaccionar? Pues lo más seguro es que en el mejor de los casos no diga nada, pero en el peor de los casos te devuelva esas palabras. Su reacción provocará en ti otra reacción que descargarás posiblemente con la siguiente persona. Esto ocurre mucho en casa. Cuando venimos después de un largo y estresante día de trabajo, reaccionamos mal con nuestra pareja e hijos, y ellos puede que nos lo devuelvan.

Pero qué pasa si en vez de dedicarle una mala palabra, le dedicas una sonrisa o una buena frase a ese extraño. ¿Cómo crees que va a reaccionar?

En el peor de los casos él se siente bien y no te lo devuelve. En el mejor de los casos, encima te lo devuelve.

Está en tus manos cambiar el mundo. Tu mundo.

Con gratitud todo sabe mejor

La gratitud es el antídoto. La apreciación por la vida que tienes. Apreciación por ser la persona que eres. No hay dos personas iguales en este planeta. Cada persona es un milagro por sí misma. Nadie sabe el origen de la vida. No lo sabe la ciencia. Son todo teorías y conjeturas. Pero lo que sí sabemos con certeza es que en esta vida tú eres tú, en ese cuerpo.

Ahora te toca a ti sacarle jugo a la vida. Te toca a ti vivir con pasión y sin vergüenza de quién eres.

Un brindis por tu revolución personal.

Con cariño, tu amigo

Fernando Moreno

¿Te acuerdas del trato?

Ahora que hemos llegado al final de nuestra aventura juntos, es el momento de cumplir con la promesa inicial. ¿Te acuerdas del trato?

En el comienzo del libro te expliqué que este libro tiene **garantía de devolución**. Pocos libros habrás visto que tengan garantía de devolución. Entonces, **¿por qué lo hago?** Porque mi intención no es vender libros. Mi intención es transformar vidas. Por tanto, **no quiero que nadie que compre ninguno de mis servicios se vaya con una sensación de insatisfacción.**

Ayúdame a ayudar...

Si sientes que este libro te ha servido de ayuda para explorar en tu interior, para profundizar sobre ti, para encontrar formas diferentes de ver la *realidad*, pensar diferente, descubrir patrones antiguos... entonces te felicito. **¡Eres tú quien ha hecho el trabajo!** Como has podido observar, las respuestas están dentro de ti.

Como dice una de las frases de Buddha, "el dolor es inevitable, el sufrimiento es opcional". Necesito que me ayudes a seguir despertando personas. **Una recomendación tuya puede ser lo que una persona que conozcas, o no conozcas, necesite para dar su primer paso para la transformación.**

¿Cómo?

1. Escribe un comentario en la plataforma online donde compraste el libro (Amazon, Casa del Libro...) para que otras personas al leer tu opinión den ese paso y confíen en sí mismas. Está en tus manos poder ayudar a más gente. **El poder de los comentarios es muy poderoso en la época actual. Por eso sería de gran ayuda si dejas tu comentario positivo 5 estrellas y explicas por qué deberían leer estas páginas.**

2. Si eres de esos a los que les gusta dar un paso más, hazte una foto con el libro —o una foto leyendo el libro de forma electrónica— y compártela en Instagram con el hashtag #sinverguenzademi

... o pide la devolución

Si llegada a esta parte, leer el libro y hacer los ejercicios no te han servido para encontrar respuestas en tu interior, para abrirte una nueva perspectiva, para comenzar tu revolución personal... entonces mi trato es que te devuelvo tu inversión.

Simplemente, envíame un correo a hola@sinverguenzademi.com con la factura del libro como comprobante y una foto con la respuesta a tus preguntas y alguien de mi equipo te devolverá el importe íntegro del libro.

Mi única curiosidad si ese es tu caso es: ¿has tomado al cien por cien la responsabilidad en tu transformación?

Gracias por el tiempo invertido en este libro. Si tienes alguna queja, por favor envíamela a hola@sinverguenzademi.com y tomaré cartas en el asunto.

BONUS gratuito:
Pregunta 28 ....

¿Y ahora qué?...

Bueno, Fernando, ¿y ahora qué? ¿Cómo empiezo? ¿Cómo lo pongo en práctica? ¿Cómo balanceo todo? ¿Por qué todo es tan complicado? ¡AGGGGHHHH!

Tranquilo.. porque no hemos acabado. Si quieres saber como empezar a gatear y dar tus primeros pasos.... TE OFREZCO ESTE BONUS EN EXCLUSIVA PARA TI.

¡Si! **Material adicional totalmente gratuito para ayudarte.** Pero como has estado leyendo bastante tiempo, he decidido cambiar el formato y que este material sea mediante AUDIO.

Este libro, o a estas alturas podemos llamarlo *manual de vida*, está lleno de material para tu transformación. Pero muchas personas se atragantan con tanta *"teoría"* y quieren saber cómo dar los primeros pasos.

Por ese motivo he decidido **regalar material adicional en forma de audio** para aquellas personas que quieran empezar a vivir una vida por diseño. En este audio no solamente te explicaré cómo empezar a aplicar este libro de forma práctica, sino que compartiré contigo algún ejercicio extra para ayudarte en tu desarrollo.

¿Cómo descargarlo? Pues si eres de esas personas tecnologías que escanean los códigos QR, simplemente escanéalo con tu teléfono y te llevará al contenido.

Si esa tecnología no la controlas muy bien, no pasa nada. Puedes descargarla visitando el siguiente enlace.

http://www.sinverguenzademi.com/bonusaudio

Agradecimientos

C uando queremos saber el significado de una palabra, acudimos a nuestro querido diccionario de la Real Academia Española (RAE). La RAE define *gratitud* como:

"El sentimiento que nos obliga a estimar el beneficio o favor que se nos ha hecho o ha querido hacer, y a corresponder a él de alguna manera".

Y como me pasa con muchas palabras cuando busco su definición, al leerla me quedo con cara de ni fu ni fa.

La gratitud es una de esas emociones positivas que parece que están malgastadas por el uso. La palabra GRACIAS —como las palabras TE QUIERO— ha sido usada tantas veces en vano que ha llegado a perder la fuerza de su sentido.

¿Cuándo ha sido realmente la última vez que has dado las gracias y tu cuerpo ha vibrado de gratitud?

Crecí con la creencia de que esta expresión se refería a estar en deuda con alguien. Una obligación detrás de un acto generoso recibido. Pero la gratitud es mucho más que estar en deuda con alguien o algo.

La gratitud es una de las emociones más poderosas que sentimos como seres humanos. Por algo es *cultivada* en muchas prácticas religiosas y meditativas. **La gratitud es de hecho la mejor medicina que podemos autofabricar, puesto que cuando tu cuerpo vibra gratitud no puede sentir otra cosa. No puede sentir dolor ni sufrimiento.**

Veo la gratitud como sinónimo de apreciación. Una de las frases más célebres de uno de mis mentores es "cambia tus expectativas por apreciación, y tu mundo cambiará de forma automática".

Con el simple hecho de agradecer más lo que tenemos en vez de esperar que se cumplan nuestras expectativas, nuestra vida sería más plena.

Al escribir estas líneas solo puedo sentir gratitud por todo lo que la vida me está ofreciendo.

A mi querida Aimee y a mi pequeña Sage, que me acompañan día a día en este viaje llamado vida. A mis padres y a mi hermana Marta por darme el mejor primer hogar que uno pudo tener. Es por vosotros por quien me esfuerzo en crecer cada día.

A todas las personas con las que he compartido experiencias y que han contribuido en mi persona. Vosotros sabéis quiénes sois. No borraba ni una sola de las personas que han pasado por mi vida, ni siquiera a mis queridos *haters* de Internet. Cada experiencia es parte de nuestro crecimiento personal.

A todos mis mentores y profesores, puesto que no hay una sola palabra mía que no haya salido de vuestras enseñanzas.

Agradezco a cada una de las miles de personas con las que he interactuado en los últimos años y han tenido la gentileza de compartir conmigo sus sueños más profundos y sus frustraciones más dolorosas. A todos aquellos que siguen la cuenta de Instagram @sinverguenzademi y a mis queridos oyentes del podcast, esos que a través de sus preguntas y mensajes han inspirado la creación de este libro.

A mis familiares y amigos fallecidos, porque vuestra luz y sabiduría me guían cada día.

Y por último, agradecido a los cientos de miles de personas que leen mis libros, acuden a mis eventos y transforman sus vidas.

UN MILLON DE GRACIAS

Agradecimientos especiales

Gracias a todos aquellos que habéis hecho posible este libro. En la preparación de este libro he recibido la ayuda, comentarios y sugerencias de un gran equipo de colaboradores. Vuestro trabajo ha hecho posible que este libro salga a la luz.

Gracias de corazón a: Marta Alfayate, Alfredo Enrique Angola González, Joana M. Bassa Llull, Lorena Campos Fernández, Iván Castellanos, Franchesca Cedano, Paola Chiguay, Aldana Ciccioli, Oscar Delgado, Mónica Dosil, Joel Pozo Escudero, Analía Exeni, Denise Favre Falconi, Vanessa García L, Reyes Godino Lafuente, Sara Gutiérrez Muniz, Cristina H, Naiara Hernantes, Jenny Madrazo, Joyce Denisse Mite Fiallos, Anabel Marco, María Moguel, Erika Morales, Fernando Pastor, Martina Pérez Caballero, María Pérez Orejudo, María José Rosselló López, Quico Pérez-Ventana,.

Bibliografía

Podría acabar antes con los libros no usados para la elaboración de este manual. Si quieres saber qué bibliografía he usado y quieres saber cuáles son los siguientes libros para tu desarrollo personal, descárgate los bonos adicionales que vienen con este libro.

Podcast... ¿Qué? ¡Sí! Los Podcast de Sin Vergüenza De Mí. **Son episodios que se pueden escuchar gratuitamente desde diferentes plataformas.**

Fernando te trae todas las semanas tu receta semanal de desarrollo personal. No dejes de conectarte. Entrevistas con gente inspiradora, consejos, meditaciones... el material que necesitas para vivir una vida bien vivida.

Profundiza en cada una de las 27 preguntas con los episodios del podcast. Fernando desarrolla una a una cada pregunta para profundizar en ellas y ayudarte a dominarla.

 **¿Cómo escucharlos?** Si tienes la tecnología de códigos QR, simplemente escanea la imagen para ir a los episodios del podcast.

Si no estás actualizado con esta tecnología, los podcast los encontrarás en la siguiente página web:

www.sinverguenzademi.com/podcasts

Además están disponible gratuitamente en plataformas como:

Printed in Great Britain
by Amazon